JN411085

말레이시아 법제사

이슬람과 법제도의 변천

말레이시아 법제사

이슬람과 법제도의 변천

소병국 지음

A LEGAL HISTORY OF MALAYSIA

이 책은 오늘날 서부 말레이시아인 말레이반도에서 말레이인들이 고대부터 최근까지 오랜 시간을 거치며 어떠한 경험을 바탕으로 자신들만의 독특한 법제도를 형성, 발전시켜 왔는지를 개괄해 본 역사서다.

말레이반도는 지리적으로 동서세계, 즉 중국과 인도 그리고 그 너머 서아시아와 유럽을 바닷길로 연결하는 무풍지대인 멀라까 해협을 끼고 있다. 따라서 이 지역은 일찍부터 상인들을 비롯해 바닷길을 이용하는 많은 사람들이 빈번하게 드나드는 동서 무역의 교차로였다.

그들의 빈번한 교류는 단지 상업적인 차원을 넘어 문화적인 교류도 동반했다. 전통시대에 말레이반도는 인도·서아시아로부터 힌두-불교와 이슬람교를 수용했고, 1511년 포르투갈의 멀라까 점령을 시발점으로 네덜란드, 영국 등 유럽 세력들의 등장으로 서구 문명의 영향에 노출되었다. 이 같은 역사적인 궤적이 말레이시아 법제도의 변천에 고스란히 반영되었다.

'1부 말레이시아란 어떤 나라인가'에서는 말레이시아에 대한 독자의 배경지식을 위해 국가 개황, 그리고 역사 발전을 전통(1800년까지), 근대(19세기~1945년), 현대(1945~1990년대) 세 시대로 나누어 간략하게 정리해 보았다.

'2부 말레이시아 법제도의 변천'에서는 상기 세 시대 법제도의 변천 과정을 다음과 같이 고찰해보았다. 전통시대에는 힌두법의 영향을 받아 말레이반도의 모계 관습법이 부계 관습법으로 전환되고, 15세기 중에 멀라까 왕국이 이슬람교를 받아들이면서 이슬람법이 관습법을 대신하는 과정을 고찰해 보았다.

근대에는 영국 식민지배하에서 다인종 사회로 전환된 말라야(말레이반도)에서 영국법이 점차 이 지역 모든 사람에게 적용되는 일반법general law으로 자리를 잡아가는 동안, 이슬람법은 말레이 무슬림 사회에만 적용되는 대인법personal law으로 축소되는 과정을 고찰해 보았다.

현대에는 독립 이후 말레이시아연방의 일반법인 영국 보통법common law과 비교해 볼 때 대인법인 이슬람법의 낮은 지위가 1980년대 초 이슬람 부흥운동의 영향으로 인해 점차 그 위상을 회복·강화해가는 과정을 고찰해 보았다.

이 세 시대에 걸친 말레이시아 법제도의 변천에 대해 고찰하면서, 본 연구가 특히 주목하는 것은 이 사회의 유서 깊은 전통인 이슬람 문화는 결코 정체된 과거의 낡은 유물이 아니라 시대와 환경에 따라 혁신을 거치며 한 국가 또는 사회의 고유한 정체성의 형성 및 발전에 중대한 영향을 미치는 동학이라는 사실이다. 이 사례 연구를 통해 본 연구는 근대화를 선점하고 규격화한 서구의 대표적인 근대화 이론[1] 중 하나인 '전통–근대 이분법적 구도'의 보편성에 의문을 제기하고, 좁게는 말레이시아, 넓게는 동아시아 문명의 정체성과 미래에 대한 올바른 이해 및 예측을 시도해 보았다.

이 책을 집필하면서 여러 분의 도움을 받았다. 특히 인도아세안학회와 태국학회, 그리고 필자가 재직하는 한국외국어대학교의 동

1 근대화 담론(discourse)은 서구의 다양한 과학 이론의 등장으로 이른바 '과학의 할리우드(Hollywood of Science)'라고 불리는 19세기 후반에 시작되었다. 이 담론은 '비서구 문명은 어떠한 것이며, 서구 문명과는 어떤 차이가 있을까'라는 의문에서 출발했고, 그 답은 서구와 비서구 문명의 특징을 각각 과학적–비과학적, 진보적–정체적, 발전적–미개적으로 양분한 이분법적 구도였다. 이 구도에 영향을 받은 서구 연구자들의 시각에 중국, 인도 등 아시아 사회는 참된 역사적 진보가 없으며, 정지된 채 변화하지 않는 전통 문명이 있을 뿐이었다. 아시아 문명에 대한 그들의 이러한 관점에서 전통은 단지 과거의 낡은 유물로 근대화의 흐름에 밀려 결국 소멸되는 것이라는 근대화 이론 즉 '전통–근대 이분법적 구도(dichotomy of tradition and modernity)'가 탄생하게 되었고, 이후 이 이론은 서양과 동양의 문명을 바라보고 이해하는 데 있어 중요한 한 학문적 잣대가 되었다.

남아연구소 동료 교수들과 함께해온 학술 활동이 이 책의 든든한 밑거름이 되었다. 이 모든 분들께 지면을 빌려 감사드린다. 또한 보기도 읽기도 좋은 책을 만들기 위해 편집에 힘써준 신선호, 장혜정, 이근영 세 분에게도 고마움을 전한다. 끝으로 이 책은 한국외국어대학교 저술을 위한 교내 연구비(2019~2021년)의 도움을 받아 집필되었음을 밝힌다.

2020년 12월

필자

제1부

말레이시아란 어떤 나라인가

1. 국가 개황

2. 역사 개관

오늘날 말레이시아
남 중 국 해
술루해
꾸닷
꼬따끼나발루
산다깐
사바
라부안
따와우
미리
빈뚤루
사라왁
시부
꾸칭
뻐르리스
깡사르
랑까위
알로르스따
끄다
꼬따바루
남중국해
조지타운
뻐낭
꾸알라뜨렝가누
끌란딴
뜨렝가누
뻬락
이뽀
빠항
꾸안딴
슬랑오르
멀라까해협
꾸알라
룸뿌르
느그리
슴빌란
서렘반
멀라까
멀라까
삐오만
조호르
조호르바루
인도네시아

1. 국가 개황

말레이시아는 지리적으로 서부 말레이시아의 말레이반도와 동브 말레이시아의 사바와 사라왁으로 나뉘어 있다. 이 두 지역은 물리적으로 남중국해 상에서 약 650킬로미터 떨어져 있다. 영국 식민지배 시기부터 '말라야'라고 불렸던 말레이반도는 북부의 태국 국경으로부터 남부의 조호르 해협까지 뻗어있으며, 이 반도의 남단에 싱가포르섬이 위치하고 있다.

말레이시아는 연방제 국가로 행정적으로 13개의 주와 3개의 연방직할령인 꾸알라 룸뿌르, 뿌뜨라자야, 라부안으로 구성되어 있다. 국토 면적은 329,847제곱킬로미터로 한반도의 1.5배에 달한다. 이 나라는 1957년 '말라야연방'으로 영국 식민지배에서 독립했고, 1963년 9월 16일에 말레이반도와 사라왁, 북보르네오(1963년 이후 사바) 그리고 싱가포르를 통합해 연방을 결성하면서 '말라야Malaya'란 이름에 섬이란 의미의 '네시아nesia'를 결합해 '말레이시아Malaysia'[1]란 국명을 갖게 되었다. 그러나 2년도 채 못 가서 1965년에 싱가포르가 연방 정부와의 마찰로 말레이시아연방에서 떨어져 나갔다.

말레이시아는 입헌군주제 국가이며, 5년 임기의 '양 디빠르뚜안 아공' 또는 '술탄 아공'이라고 부르는 국왕은 9개 주의 술탄으로 구성된 군주회의에서 정해진 순서[2]에 따라 선출하는 것이 관례이다. 이 윤번제 국왕제도는 독립과 함께 9개 술탄 영지인 느그리들이 말라야연방으로 통합되면서 만들어진 전 세계에서 유래를 찾을 수 없는 말레이시아만의 독특한 군주제도이다.

오늘날 9개 주의 술탄은 각주의 이슬람의 수장으로서 자신의 주에서 말레이 전통과 이슬람과 관련된 제반 모든 사안을 관장하는 권한을 헌법으로 보장받고 있다. 술탄이 존재하지 않는 네 개 주인 뻬낭, 멀라까, 사라왁 그리고 사바에서 양 디빠르뚜안 아공이 술탄의

1 말레이(Malay) : 말레이인 또는 말레이어.
말라야(Malaya) : 영국 식민지배 시기 말레이반도.
말라얀(Malayan) : 말레이반도의 비말레이인.
말레이시아(Malaysia) : 'Malaya'와 '섬'을 뜻하는 'nesia'의 합성어, 즉 말레이반도와 싱가포르 · 사라왁 · 사바(북보르네오)를 포함한 섬 지역으로 구성된 말레이시아연방.

2 즉위 연도를 먼저 고려하고, 그 연도가 같을 경우 연장자순으로 선출.

역할을 수행한다. 군주가 '군림하나 지배하지 않는' 일반적인 입헌군주제 국가들과 달리, 말레이시아의 술탄들은 입헌군주임에도 불구하고 명목적이고 의전적인 차원을 넘어 다방면에서 여전히 막강한 권한을 행사하고 있다. 그러는 동안 그들은 종종 수상을 비롯한 현실 정치 세력과 마찰을 빚기도 한다.

말레이시아는 세 주요 인종집단, 즉 말레이인, 중국인 그리고 인도인으로 구성된 인구 32,420,936명(2019년 기준 세계 45위)의 다인종 국가이다.[3] 이 중 대략 말레이인이 62퍼센트, 중국인이 22퍼센트, 인도인이 7퍼센트, 그리고 기타 인종이 9퍼센트를 차지하고 있다. 인구조사에 따르면 인종과 종교가 밀접한 관계가 있음을 보여준다. 인구의 61.3퍼센트가 이슬람, 19.8퍼센트가 불교, 9.2퍼센트가 기독교, 그리고 6.3퍼센트가 힌두교를 신봉한다.

3 오늘날 말레이시아 사회는 말레이인 · 중국인 · 인도인, 세 인종집단으로 구성된 '다인종 사회(multi-ethnic society)'다. 이런 사회를 칭할 때 '다원사회(plural society)'란 표현도 종종 쓰이는데, 이는 경제학자 퍼니벌(J. S. Furnivall)이 식민지배하에서 신체적으로나 언어, 종교 등 문화적으로 서로 다른 다양한 인종집단이 고유한 정체성을 잃지 않고, 전체 사회에 대한 충성심 없이, 노동의 분화로 서로 다른 직업적 위치를 갖는 사회를 정의하기 위해 사용한 개념이다. 오늘날 말레이시아 다인종 사회는 다양한 인종 · 문화 · 언어 등이 뒤섞인 '도가니(melting-pot) 사회'라기보다는 각 인종집단의 고유한 정체성이 유지되고 있는 '모자이크(mosaic) 사회'에 가깝다.

연방헌법은 이슬람교를 국교로 정하고 있지만 다른 종교에 대해서도 자유로운 활동을 보장하고 있다. 다만 연방헌법이 정한 바에 따라 말레이인 모두는 예외 없이 무슬림이고, 개종이 허락되지 않기 때문에 그들에게 다른 종교를 포교하는 것을 법으로 금지하고 있다. 국어는 말레이시아어이며, 이는 말레이세계[4]의 교통어lingua franca였던 멀라유어가 표준화된 형태이다.

4 도서 동남아시아와 말레이세계는 혼용해 쓰이는 개념인데, 엄밀하게 구분하면 도서 동남아시아는 지리적 · 지정학적 개념, 말레이세계(Dunia Melayu, Alam Melayu, Malay World)는 문화적인 개념이다. 즉 말레이세계는 말레이어를 말하고, 말레이 세계관을 갖고, 말레이 풍습에 따라 살아가는 말레이인이 주류를 이루는 지역이다. 다른 예를 들어보면 중동이 전자라면, 아랍세계가 후자의 개념에 해당하는 것과 마찬가지라 할 수 있다.

2. 역사 개관

전통 말레이시아(1800년까지)

말레이시아 초기 국가와 사회의 형성은 오늘날 서부 말레이시아인 말레이반도에서 시작되었다. 지리적으로 이 지역은 동서세계, 즉 중국과 인도 그리고 그 너머 서아시아와 유럽을 바닷길로 연결하는 무풍지대, 즉 계절풍(몬순)의 영향을 받지 않은 멀라까 해협을 끼고 있어 일찍부터 동서 바닷길을 이용하는 많은 상인들에게 천혜의 안식처를 제공했다. 그러는 동안 그들의 빈번한 교류는 단지 상업적인 차원을 넘어 문화적인 교류도 동반하면서, 말레이반도 초기 국가의 성립과 발전에 영향을 미쳤다.

랑까수까·끄다·슬랑오르·뻬락·끌란딴·빠항·조호르 등이 그 초기 소공국들이다. 이들 사회는 서기전 150년경에서 서기 150년경 사이에 동남아시아 전역에 전파되기 시작한 인도 문화, 특히 힌두-불교의 영향을 받아 성립·발전했다. 이 소공국들은 대략 7~13세기까지 수마뜨라 동남부에 위치한 해상 무역 왕국인 스리비자야의 영향권에 속했다가, 13세기 말에 동부 자바에서 출현한 마자빠힛의 영향권에 편입되었다. 이처럼 말레이세계의 주변부에 머물러 있던 말레이반도는 15세기 초 멀라까 왕국이 성립되면서 비로소 이 지역의 새로운 중심 세력으로 부상하기 시작했다.

멀라까 왕국은 스리비자야의 왕자인 빠라메스바라(재위 1403~1414)가 1403년에 개국했다. 말레이반도 서남쪽에 위치한 멀라까는 동서 바닷길을 연결하는 멀라까와 순다 두 해협과 가까워 동서를 왕래하는 모든 선박을 통제할 수 있는 전략적 요충지였다. 또한 15세기부터 이른바 '교역의 시대Age of Commerce'를 맞아 동서 바닷길을 빈번히 왕래하던 인도·아랍·페르시아의 무슬림 상인들이 움마, 즉 형제애에 바탕을 둔 이슬람 공동체에 더 호감을 갖는 것은 당연했다. 말레이세계에서 해상 무역을 지향한 통치자들은 그들과의 교역을 통해 자연스럽게 이슬람교를 받아들이고, 국부를 축적할 수 있었다. 이러한 요인들의 결합으로 멀라까 왕국은 스리비자야에 이어 말레이세계를 대표하는 해상 무역 국가로 성장했다. 토메 피르스는 《수마 오리엔탈(동양개요)》에서 멀라까의 '세상 어디와도 비교할 수 없는 중요성과 이익'에 대해 언급했다.

멀라까에 언제 이슬람이 유입·정착했을까? 빠라메스바라는 통치 말기에 이슬람으로 개종해 이스깐다르 샤[5]란 왕호로 이슬람 군

5 '샤(Shah)'는 페르시아어(이란어)로 왕을 뜻함.

주인 술탄이 된 사실로 보아 늦어도 15세기 초에 이 지역에 이슬람이 전파되기 시작한 것으로 보인다. 2대 메겟 이스깐다르 샤(재위 1414~1424)와 3대 무함마드 샤 술탄은 재위 시작부터 무슬림이었다. 하지만 4대 술탄인 빠라메스바라 데와 샤(재위 1445~1446) 통치 기간에 힌두교도의 반란이 일어났던 점으로 보아, 5대 무자파르 샤 술탄 재위기인 15세기 중엽에 이르러서야 멀라까에 이슬람이 확고하게 정착했다. 이후 멀라까는 곧 말레이세계 이슬람의 중심지가 되었고, 여기서부터 자바 북부 해안 지역과 동부 인도네시아, 남부 필리핀을 포함한 군도 지역으로 이슬람이 본격적으로 전파되었다.

멀라까는 말레이세계의 역사에서 차지하는 중요성에 비해 단명했다. 개국한 지 한 세기가 조금 지난 1511년, 아폰수 알부케르크가 지휘하는 포르투갈 군대에 점령당했다. 멀라까가 포르투갈에 점령당한 뒤, 이 왕국을 계승한 것은 포르투갈령 멀라까가 아니라 말레이반도 남부의 조호르 왕국이다.

조호르는 16~17세기에 강력한 왕국으로 성장한 아쩨, 그리고 포르투갈령 멀라까와 멀라까 해협의 제해권을 놓고 치열한 경쟁을 벌였다. 이 다툼은 조호르가 네덜란드동인도회사(이하 VOC)과 연합해 1641년 1월 멀라까에서 포르투갈을 몰아낼 때까지 100여 년 동안 지속되었다. 그 후 이 지역의 새 강자가 된 VOC는 정치·종교보다 무역 활동에 치중하면서 말레이 세력들과 분쟁을 최소화하려 노력했다. 그 결과 멀라까 해협과 그 주변 지역에 긴 평화가 도래했다.

이러한 가운데 조호르는 왕위 계승 문제로 내분에 휩싸이게 되었다. 이 분쟁을 계기로 부기스 세력이 조호르의 내정에 개입했다. 왕위를 찬탈당한 압둘 자릴 샤 2세가 권좌 복귀를 위해 용맹하기로 유명한 '부기스 5형제'에게 도움을 요청했다. 그들은 찬탈자인 미낭까바우의 라자 끄찔을 응징한 뒤, 압둘 자릴 샤 2세와 '말레이인과 부기스인 간의 충성 규약'을 체결했다. 이후 부기스 세력은 말레이 세력에게 조호르 술탄의 지위를 보장했지만, 부기스 세력이 실권을 쥐고 있는 가운데, 말레이 술탄의 권력은 사실상 명목상의 것에 불과했다.

그럼에도 18세기 조호르 왕실의 번영과 명성은 15세기 멀라까 시대를 능가할 정도였다. 조호르 왕국은 활발한 교역을 통해 경제적인 융성을 이어가며 19세기 초 식민지 시대 전야까지 멀라까의 전통을 계승·발전시킬 수 있었다. 동부 인도네시아 군도에 위치한 술라웨시의 부기스인이 조호르를 통해, 멀라까 왕국에서 시작된 말레이 전통의 연속성 유지에 기여했다는 것은 말레이시아 역사의 한 아이러니다.

근대 말레이시아(19세기~1945년)

VOC에 이어 18세기 후반 말레이반도에 영국 세력이 등장하기 시작했다. 당시 북부 말레이반도의 끄다는 싸얌(지금의 태국)의 지속적인 침략 위협에 직면해 정치적 안정을 이루지 못했다. 끄다의 안위는 싸얌의 라마 1세가 팽창 정책을 추진하던 18세기 말에 특히 위태로웠다. 이때 압둘라 2세(재위 1778~1798) 술탄은 삐낭을 양도할 테니 끄다를 보호해달라고 영국에 제의했다. 이로써 1786년에 영국이 삐낭을 교두보로 말레이반도에 첫발을 내딛게 되었다.

얼마 후 유럽의 나폴레옹 전쟁(1796~1815)의 여파로 영국에게 또 한 번의 뜻하지 않은 기회가 찾아왔다. 1795년 프랑스군의 침공을 받고 영국으로 망명한 네덜란드 왕이 해외 식민지를 영국에게 양도하는 사태가 발생했고, 이때 영국은 네덜란드령 멀라까를 인수했다.

전쟁이 끝나고 1816년 영국은 종전의 네덜란드 식민지를 모두 반환했다. 그러자 그동안 네덜란드의 보호무역에서 벗어나 말레이 세계에서 자유롭게 무역 활동을 영위하던 영국의 지방 무역 상인들[6]이 멀라까 해협 남방에 영국 선박이 자유로이 다닐 수 있는 항

6 대략 17세기 중엽에 중국의 찻잎이 영국에 전해진 뒤 한 세기가 지나면서 홍차는 영국의 국민 음료로 자리를 잡았다. 그러자 찻잎 수입으로 인해 영국의 은이

구를 확보해달라고 요구했다. 영국동인도회사는 1818년 3월 토머스 스탬퍼드 래플스에게 새 항구 건설을 지시했고, 이때 그가 관심을 쏟은 곳이 바로 말레이반도의 남단에 위치한 뜨마섹(지금의 싱가포르)[7]이다.

1819년 1월 28일 래플스는 1,000여 명이 거주하는 작은 어촌 마을인 싱가포르에 첫발을 디뎠다. 이틀 뒤 그는 그 섬을 관할하던 조

대거 유출되는 사태가 발생했다. 이를 막을 방편으로 영국은 캘커타에 있는 동인도회사를 정점으로 중국의 차–인도의 아편–영국의 면직물을 거래하는 이른바 '삼각무역'을 벌였다. 하지만 중국 찻잎에 대한 지불 수단으로 은 대신 아편을 사용하는 것은 법적인 문제가 발생할 소지가 있었다. 이를 피하기 위해 동인도회사는 '지방 무역'이라는 형태를 취했다. 본래 지방 무역은 동방 무역에서 다른 유럽 국가들의 상관(商館)과 마찰을 피하기 위해, 동인도회사의 사원이 회사가 아닌 개인 자격으로 자기 자본을 들여 상품을 거래하는 일종의 민간 자유 무역이었다. 1750년대 이후 중국 찻잎 수입이 비약적으로 늘면서 동인도회사는 지방 무역의 활성화를 위해 전문 민간 상사(商社)의 참여를 허용했다. 1813년 동인도회사의 인도 무역 독점권이 폐지된 후 인도 · 중국 · 동남아시아에서 지방 무역상들의 비중이 더욱 커지게 되었다.

7 싱가포르는 마자빠힛 왕국의 역사서인 《나가라꺼르따가마》(1365)에 처음 '뜨마섹(Temasek)'으로 등장한다. 원나라 말 왕대연(汪大淵)이 기록한 《도이지략(島夷誌略)》의 〈용아문(龍牙門, 싱가포르 해협)〉 장엔 싱가포르가 '단마석(單馬錫)'으로 거명된다. 싱가포르는 대략 14세기 말부터 '싱아뿌라(Singapura, 사자의 도시)'라고 불렸는데, 어떻게 해서 뜨마섹이 싱아뿌라로 바뀌어 불리게 되었는지는 알려지지 않았다.

호르의 뜨멍궁[8]과 예비협정을 맺었다. 이어 2월 6일에 술탄과 영-말레이 우호조약을 공식적으로 체결하고 싱가포르에 상관을 개설했다. 근대 싱가포르의 역사가 이렇게 시작되었다.

싱가포르는 무관세 자유무역과 자유 이민 정책, 그리고 탁월한 입지 조건에 힘입어 중국인의 대대적인 유입과 함께 동남아시아의 새 무역 중심지로 빠르게 자리를 잡아갔다. 1824년 3월에 영국과 네덜란드 간에 역사적인 조약이 체결되었다. 이른바 영화조약은 오늘날의 멀라까를 포함한 말레이반도·싱가포르와 인도네시아 군도를 각각 영국과 네덜란드의 영역으로 구분했다. 이 조약으로 말레이세계가 오늘날의 인도네시아와 말레이시아 두 국가로 나뉘게 되었다.

1826년 말 영국은 싱가포르에 뻬낭·웰즐리주·멀라까를 합쳐 해협식민지(이하 SS)를 결성했다. 차茶 무역이 한창이던 이 시기에 인도를 동방의 주 무대로 삼고 있던 영국의 관심은 중국에 쏠려있었다. 따라서 영국은 SS를 동남아시아의 다른 지역보다 사업상 편리하고 이익이 많이 나는 투자처로 만드는 데 몰두하며 수십 년 동안 싱가포르 넘어 말레이반도로의 진출에 소극적인 입장을 견지했다.

19세기 후반 사업 환경의 변화에 따라 말레이반도를 향한 영국

8 육지의 치안을 담당하는 말레이 고위 관료로 오늘날 경찰청장에 해당한다.

의 '전진운동forward movement'이 탄력을 받기 시작했다. 그 변화의 중심에는 주석朱錫이 있었다. 말레이반도에서 생산되는 주석을 수출품목으로 확보하는 것이 SS의 사업에서 점차 중요한 비중을 차지하게 되자, SS와 말레이반도의 경제적 유대가 점차 긴밀해졌다.

말레이반도 주석 광산 사업과 운영에는 세 집단이 관련되어 있었다. 첫째는 주석 광산을 소유한 술탄이었고, 둘째는 그것을 운영하던 영국 자본가들이었으며, 셋째는 주석 광산에서 일하던, 주로 남부 중국 출신인 쿨리(노동자)였다. 술탄의 관할권 밖에서 까삐딴 찌나(중국 캡틴)라 불린 우두머리가 쿨리 집단을 독자적으로 통제하고 있었다. 쿨리가 급증해 출신지별로 파벌을 조성하면서 그들 간에 분쟁이 빈발했다.

1870년대에 들어 말레이반도 북서부 뻬락에서 중국인들의 소요가 극에 달했다. 사태의 진정을 위해 관련 당사자들이 뻬락의 빵꼬르섬에서 회합을 가졌다. 1874년 1월 뻬락의 라자 압둘라 술탄과 SS 총독 앤드루 클라크가 빵꼬르 조약을 체결했다. 이에 따라 '이슬람과 말레이 전통에 관한 제반사를 제외하고' 뻬락의 행정 전반에 대해 술탄에게 조언할 수 있는 권한을 가진 영국의 주재관이 파견되었다. 말레이반도에 대한 영국 식민지배의 서막이 이렇게 막을 올렸다.

이 조약을 기점으로 영국은 1896년 뻬락·슬랑오르·빠항·느

빼락의 술탄 라자 압둘라(1842~1922)

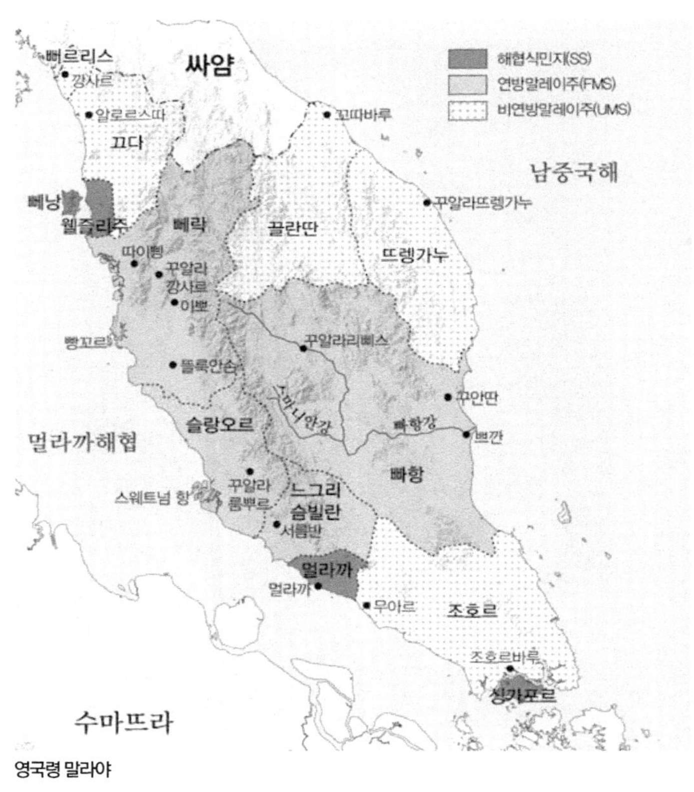
해협식민지(SS)
연방말레이주(FMS)
비연방말레이주(UMS)
뻐르리스
깡사르
싸얌
알로르스따
꼬따바루
끄다
남중국해
뻬낭
웰즐리주
뻬락
꾸알라뜨렝가누
끌란딴
뜨렝가누
따이삥
꾸알라
깡사르
이뽀
꾸알라리삐스
빵꼬르
뜰룩안슨
꾸안딴
슬랑오르
빠항강
쁘깐
멀라까해협
빠항
꾸알라
룸뿌르
스웨트넘 항
느그리
슴빌란
서름반
멀라까
멀라까
무아르
조호르
조호르바루
싱가포르
수마뜨라
영국령 말라야

그리 슴빌란 네 주를 묶어 연방말레이주(이하 FMS)를 탄생시켰다. 1909년 싸얌과 조약을 맺고 말레이반도의 북부에 위치한 네 주, 끌란딴·뜨렝가누·끄다·빠르리스에 대한 지배권을 확보한 뒤, 1919년에 영국은 반도 남단의 조호르와 함께 비연방말레이주(이하 UMS)를 결성했다. 20세기 초 영국령 말라야가 이렇게 성립되었다.

영국이 말라야를 세 행정 단위로 나누어 통치한 것은 효율적인 식민지 경영을 위해서였다. 물자 수송에 필수적인 항구도시들로 구성된 SS는 총독이 관할하는 직할 식민지였다. 경제 개발 가치가 큰 반도 서부 벨트의 FMS에서는 주재관의 관할하에 술탄들에게 부분적인 행정 자치권만을 부여했던 반면, 비교적 그 가치가 적은 반도 중부 벨트의 UMS에서는 고문관을 두고 술탄에게 폭넓은 자치권을 허용했다.

영국 식민지배하에서 지역에 따라 차이는 있으나 말레이반도는 여러 면에 있어서 소위 근대화를 경험하게 되었다. 극대 서구식 행정 체제의 도입되었고, 대규모 고무 플랜테이션plantation과 주석 산업의 등장으로 인하여 전통 농업 경제가 수출 경제 체제로 전환되었으며, 이를 위해 필요한 철도, 도로 및 항만 등의 인프라 건설은 20세기 초엽까지 말레이반도의 경관을 눈에 띄게 변화시켰다.

이러한 물리적인 근대적 전환과 더불어 말레이시아 근·현대사의 전개와 관련해 가장 괄목할 만한 변화 중 하나는 말레이반도로

1930년대 말라야 주석 광산에서 일하는 중국인 노동자들

1930년대 말라야 고무나무 플랜테이션의 인도인 노동자들

중국인과 인도인의 대대적인 유입이었다. 전술한 바와 같이 지리적으로 말레이반도는 동서 세계를 바닷길로 연결하는 주요한 해상 교역로인 멀라까 해협을 끼고 있어, 반도의 말레이인과 중국, 인도, 아랍 등 외래인들과의 교류는 매우 오랜 역사를 가지고 있다. 그러나 오늘날 말레이시아의 다인종 사회의 형성은 20세기 초엽까지 영국의 식민지하에서 이루어졌다.

자본주의를 태동시킨 빅토리아 시대(1837~1901) 영국 보수주의의 핵심 가치 중 하나는 '일하는 것이야말로 가난에서 벗어나는 최선의 방법'이라는 말로 요약할 수 있다. 따라서 영국인은 한 사회의 가난이나 낙후성의 근본 원인을 그 사회 구성원의 게으른 속성 탓으로 돌리는 경향이 있었다. 영국인들이 보기에 '게으른' 말레이인은 경제적 활용 가치가 적었기에, 더 '근면한' 인종으로 생각되는 중국인과 인도인을 주석 광산과 고무 농장의 노동자로 적극 유치한 결과 오늘날 말레이시아의 다인종 사회가 형성되었던 것이다.

식민 정부는 '말레이인 우대정책'이라는 명분하에 이민족을 일시적인 체류자로 간주한 반면, 말레이인을 말라야의 '주인'으로 대우했다. 이 정책에 따라 영국은 술탄의 형식적·의례적 지위를 보장하고, 말레이 귀족층의 자제에게 영어 교육을 시켜 식민지 하급 관료로 등용하는 한편, 말레이인의 전통 사회와 문화를 보호한다는 명분으로 말레이인 대부분을 농촌에 머물게 하는 정책을 취했다. 그러는 동안 말레이인 사회는 전반적으로 근대화의 흐름에서 소외되어 '화석화fossilization'되었던 반면, 이민족 집단들은 근대화 시류에 편승해 식민지 자본주의 경제 체제의 하부 담당자가 되었다.

2차 세계대전 이전 영국 식민지 정부의 말레이인 우대정책에 바탕을 둔 인종집단 간 분리정책에 따라 대부분의 중국인과 인도인들은 소속감을 말라야에 두기보다는 부를 획득해 언젠가는 자신들의 조국으로 돌아가기를 희망했다.

이 같은 환경 속에서 전쟁 이전 말레이반도에서 민족의식의 형성과 발전은 말레이인 사회, 특히 귀족 출신의 친영파 집단과 평민 출신의 반영파 집단으로 나누어진 소수의 말레이 신지식인 집단을 중심으로 전개되었다. 그러는 동안 그 열기가 이웃 인도네시아에 비해 매우 약했을 뿐 아니라, 그들의 민족주의 운동은 영국 식민지배에 대한 투쟁보다는 주로 이민족, 특히 경제 활동에 적극적인 중국인에 대한 의구심과 적개심, 즉 인종적 민족주의 성격이 강했다.

1942년 2월 15일 싱가포르에서 일본 제25군 사령관인 야마시타 도모유키(산하봉문山下奉文)가 영국군 사령관인 아서 퍼시벌의 항복을 받고 영국령 말라야 점령을 완수했다.

일본 군정은 말라야 점령 이전부터 중국인 사회에 대해 강한 적대감과 불신을 갖고 있었다. 그 구성원 대부분이 1937년에 발발한 중일전쟁에서 난양중국인민족구원운동 등을 통해 모국母國을 물심

1942년 2월 15일 일본군에 항복하러 가는 싱가포르의 영국군 중장 아서 퍼시벌 일행

양면으로 지원하며 항일운동에 간접적으로 동참했기 때문이다. 따라서 점령 직후 이른바 '숙청肅清' 작업이 18세부터 50세에 이르는 모든 중국인 남성을 대상으로 공개적으로 진행되었다.

한편 일본 군정은 전쟁 물자의 부족을 극복하고 말라야 경제를 진흥하기 위해 부유한 SS 중국인들의 협조를 얻어야 했다. 이를 위해 싱가포르에 화교협회(이하 OCA)가 설립되었다. SS 중국인 사회에서 존경받는 인물인 림분캥 박사를 OCA 의장으로 추대해 말라야 화폐로 5,000만 달러를 조성하는 임무를 맡겼다.

그러는 동안 급진적인 좌파 중국인들은 일본에 협력하는 것을 전적으로 거부하고 항일운동을 전개했다. 그들은 말라야공산당(이하 MCP)의 전위 군사조직인 말라야인민항일군(이하 MPAJA)에 가담해 항일 무장투쟁을 벌였다. 일제 강점기의 막바지 무렵, MPAJA는 전국에 산재한 게릴라 부대를 동원해 며칠 안에 말라야를 통제할 수 있는 강력한 무장 세력으로 성장했다.

1942년부터 1945년까지 약 3년 8개월간 일본의 말레이반도 점령은 영국 식민지배하에서 형성된 말레이인과 중국인 집단 간의 반목과 질시가 강화하는 환경을 제공하였다. 경제적으로 극심한 인플레이션과 일본 군정의 쌀 강제 공출이 말레이반도의 심각한 식량난으로 이어지고, 도시에 거주하던 중국인이 생계난 극복을 위해 말레이인의 전통 거주지인 농촌으로 대거 이주하게 되었다. 그곳에서 생

존을 위한 투쟁이 벌어지면서 두 인종집단 간의 적대감이 깊어졌다. 또한 이 기간 중 항일 게릴라 투쟁을 전개한 MPAJA와 농촌 말레이인들 간의 잦은 대립과 마찰도 두 인종집단 간의 적대감을 더욱 부추겼다.

일본 점령 동안 말레이반도에서 야기된 이와 같은 경제, 사회, 정치적 사태 진전 속에서 전전戰前에 이민족이 주로 거주하던 도심을 중심으로 활기를 띠었던 말레이인 사회의 인종적 민족의식은 이제 외딴 농촌 지역에서도 분명히 감지되는 현상으로 발전했다.

현대 말레이시아(1945~1990년대)

1945년 9월 5일 말라야로 복귀한 영국은 10월에 강력한 재식민지화를 위해 말라야연합 안案을 공표했다. 이 안의 골자는 술탄제를 폐지하고, FMS, UMS, 그리고 싱가포르를 제외한 SS를 총독이 직접 통치하는 단일 식민지 체제로 통합하며, 모든 이민족에게 말레이인과 동등한 시민권을 부여하는 것이었다. 이러한 영국의 전후 계획은 2차 세계대전 이전에 '말라야는 말레이인의 나라'라고 강조하던 말레이인 우대정책과 완전히 동떨어진 조치로, 말레이인 사회에 커다란 충격을 주었다.

말라야연합 도입에 맞서, 말레이 정치인들은 반대 투쟁을 위해 정치 세력을 조직하기 시작했다. 1946년 3월 다또 온 자파르(이하 다또 온)는 귀족 출신 친영파 집단을 중심으로 연합말레이민족기구(이하 UMNO)를 결성했다. 한편 부르하누딘 알 헬미는 평민 출신 반영파 집단을 결집해 말레이국민당(이하 MNP)을 결성해 말라야연합의 도입에 적극적으로 반대하기 시작했다.

그럼에도 영국은 예정대로 1946년 4월 1일 말라야연합을 출범시켰다. 말레이인 사회는 UMNO와 MNP를 중심으로 단합해 약 3년에 걸쳐 강력한 말라야연합 철회 투쟁을 전개했다. 그러는 동안 UMNO와 MNP는 서로 다른 목표를 추구했다. 친영적인 UMNO는 전전의 말레이인 우대정책을 회복하기를 주장한 반면, 반영적인 MNP는 인도네시아 라야(인도네시아와의 통합을 통한 독립)를 대의로 내세웠다.

다른 한편 중국인과 인도인을 포함한 이민족 집단들은 여전히 본국 지향적인 정체성을 보이며 새로운 식민지 안, 특히 동등한 시민권 부여에 대해 미온적인 지지를 보냈다. 결국 영국은 말레이인 사회의 강한 반대에 부딪쳐 1948년 2월 1일 말라야연합을 철회하고, 대신 당시 말레이인 사회의 다수를 대표할 뿐 아니라 친영적인 UMNO의 요구에 따라 말라야연방을 도입했다.

말라야연방은 전쟁 전 영국 식민지배하에서 말레이인 사회가 누

렸던 전통적인 특권을 고스란히 유지했기 때문에 UMNO에겐 분명 커다란 정치적 승리였다. 반면 전쟁 중 항일 투쟁에 참여한 대가로 사회주의 국가인 신민주말라야를 건설하리라 기대하던 MCP와 인도네시아 라야를 위해 투쟁하던 MNP는 커다란 좌절을 맛보았다.

1948년 6월 MCP가 말라야연방 도입에 반발해 무장봉기를 일으키자, 영국 식민 정부는 말라야 전역에 비상사태(이후 1960년까지 지속되었음)를 선포했다. MCP의 무장봉기는 두 가지 면에서 말라야의 평화적인 독립 획득에 결정적인 촉매제 구실을 했다. 첫째, 비상사태하에서 식민 정부는 말라야 대부분의 반영 정치단체를 불법화하고 탄압했다. 그 결과 급진 세력이 주도하는 대중정치가 퇴조하고, 온건한 보수 세력이 이끄는 협력정치가 우세를 점하게 되었다. 이러한 가운데 말라야의 독립을 위해 남은 현실적인 대안은 영국 식민 정부와 친영 정치 단체인 UMNO와의 협상적인 방법뿐이었다.

둘째, 1948년 말 영국 식민 정부는 말라야에서 MCP의 게릴라 투쟁을 진압하고 승리할 수 있는 관건은 '민심hearts and minds'의 동향에 달려 있다고 판단하고, 친영국 성향의 온건·보수적인 중국인 사회의 협력을 얻으려고 그들에게 정당 설립을 제안했다. 그 결과 말라야중국인협회(이하 MCA)가 탄생했다. 나아가 식민 정부는 1949년 4월 MCP의 무장투쟁 진압을 포함해 말라야연방의 당면한 문제 해결을 협의하는 기구로서 민족집단유대위원회(이하 CLC)를 구성했다. UMNO와 MCA의 지도자들이 참여한 이 위원회는 곧 그들이 말라야연방의 정치적 미래를 논의하는 자리가 되었다.

1953년 초까지 UMNO와 MCA의 정치적 유대가 점차 강화됨에 따라, 말라야의 독립 획득 움직임이 새 전기를 맞게 되었다. 영국 식민 정부가 말라야의 독립을 위한 '입헌적인 절차constitutional process'의 시작으로 1955년에 연방입법의회(제헌국회) 선거를 치를 것이라고 발표하자, 말라야의 모든 정당이 입법의원 52석을 놓고 분주히 움직이기 시작했다. UMNO-MCA 동맹은 1954년 12월 온건·보수적인 말라야인도인의회(이하 MIC)와 제휴해 UMNO-MCA-MIC 동맹당(이하 동맹당)을 구축했고, 비상사태에 정치력을 거의 상실한 MNP 지도자들은 범말라야이슬람당을 결성했다. 1955년 7월 27일에 치러진 연방입법의회 선거는 예상대로 동맹당의 압승으로 끝났다.

1956년 6월 독립 말라야의 헌법을 마련할 리드제헌위원회가 구성되었다. 이 위원회가 말라야연방 헌법 최종안을 준비하는 동안, 말라야의 '주인'격인 말레이인의 특별한 지위 보장, 언어, 시민권 등 민감한 문제들이 부각되었다. 이들 문제는 동맹당 지도자들 간의 협상을 통해 말레이인의 특별한 지위를 보장하고, 독립 후 10년 동안 말레이어와 영어를 공용어로 하되 그 뒤엔 말레이어를 유일한 국어로 채택하며, 속지주의jus soil 원칙에 따라 독립 이후에 탄생하는 모든 중국인과 인도인은 자동으로 말라야 시민권을 획득하게 하고, 여타 이민족도 독립 이후 일정 기간 체류하고 말레이어를 습득하면 말레이인과 동등한 시민권을 부여하기로 합의함에 따라 일단락되었다.

말라야는 1957년 8월 31일 영연방 내에서 독립을 획득하는 데 성공했다. 하지만 말레이인의 특권, 교육과 언어 정책 등 다인종 사회의 갈등을 야기할 수 있는 문제들을 미봉적으로 합의한 채 말라야 연방이 출범했다. 따라서 정치 지도자들은 다인종 사회의 통합을 통해 이 신생 국가를 명실상부한 국민국가nation-state로 만들어야 하는 중차대한 과제를 짊어지게 되었다.

독립 후 치러진 1959년 총선에서 동맹당은 연방의회와 주의회 모두 압도적인 다수 의석을 차지했다. 이러한 상황에서 동맹당 구성원들이 독립 당시 각각 말레이인·중국인·인도인 사회를 대표해 합의했던 인종집단 관련 정책들은 별다른 도전을 받지 않았다. 이처럼 동맹당의 새로운 국가 건설 과정이 순조롭게 진행되는 듯해 보이는 한편, 말레이반도 바깥의 문제로 인해 예상치 못한 정치·사회적 갈등과 긴장이 조성되기 시작했다.

1961년 5월 27일 초대 수상 뚠꾸 압둘 라만(재임 1957~1969)은 싱가포르와 영국령 보르네오 세 지역(브루나이·사라왁·북보르네오)을 포함하는 말레이시아연방 구상을 전격 제안했다. 이 구상은 관련된 당사자 모두, 특히 싱가포르에게 분명 매력이 있었다. 리콴유의 인민행동당(이하 PAP)가 이끄는 싱가포르 자치 정부(1959년 자치권 획득)에게 말레이시아연방 결성은 반공反共 성향의 자치 정부를 무너뜨리려고 호시탐탐 노리고 있던 급진 좌파 세력의 위협을 무력화하는 효과를 가져다줄 것으로 기대되었다. 또한 연방의 결성으로 싱가포르의 산업화 전략에 보탬이 될, 더 큰 공동 시장이 창출될 수 있었다. 영국은 말레이시아연방이 싱가포르와 보르네오 작은 세 지역의 안정된 미래를 보장할 수 있다고 보아 합병을 환영했다. 그 결과 원유 세입 문제와 관련된 협상 결렬로 끝내 연방에 합류하지 않은 브루나이를 제외한 말레이시아연방이 1963년 9월 16일 출범했다.

연방의 일원이 된 싱가포르의 PAP가 1964년 총선에서 '말레이시아인의 말레이시아Malaysian Malaysia'를 구호로 내세우자, 민감한 인종 문제가 수면 위로 부상했다. 이는 '말레이인의 말레이시아Malay Malaysia'란 말레이인의 역사적 불가침의 특권에 대한 중국인 사회의 도전으로, 반도 말레이인 사회에 큰 반향을 불러일으켰다. 결국 1965년 8월 동맹당 정부는 리콴유에게 연방을 떠날 것을 강권했고, 그 결과 싱가포르는 졸지에 독립 도시국가가 되었다.

말레이시아연방 결성을 적극적으로 추진하고, 이로 인해 발생한 국내외적 갈등과 긴장을 수습해가는 한편, 라만 수상은 국민 통합에도 많은 노력을 쏟았다. 그는 다인종 사회가 평화롭게 유지·발전하

1963년 9월 16일 말레이시아연방 합류 선서를 하는 리콴유 싱가포르 자치 정부 수상

려면 무엇보다도 먼저 인종집단 각각의 특성이 상충하지 않고 공존해야 한다고 믿었다. 이를 위해 라만 수상은 이중 정책을 취했다. 이 정책의 골자는 식민지배하에서 형성된, 각 인종집단의 서로 다른 경제 기능을 바탕으로, 계속해서 대부분 농업에 종사하는 말레이인 사회는 농촌에서, 주로 상업과 산업에 종사하는 이민족 사회는 도시에서 자리 잡아 상충 없이 분리·발전하게 하는 것이었다.

이 밖에도 그는 '신말레이시아인'이란 새로운 말레이시아 국민 정체성 창조를 국가 통합의 구호로 내세웠다. 그에 따르면 신말레이시아인 창조란 말레이시아의 모든 국민이 개별 인종집단의 구성원이라는 생각을 버리고, 새롭게 탄생한 국가에 충성하는 의식 개혁을 통해 하나로 통합된 말레이시아인으로 거듭나는 것을 의미했다. 라만 수상은 이민족에게 자신들의 본래 문화를 포기하고 역사적으로 말레이시아의 주인이었던 말레이인의 전통문화에 동화될 것을 요구하면서, 그 대가로 말레이시아에서 어떤 불리한 대우 없이 자유로운 경제 활동을 보장받을 것이라고 설득했다.

라만 수상은 언어와 교육 정책을 신말레이시아인 창조의 주된 수단으로 이용했다. 정부는 "독립 후 10년 뒤 말레이시아에서 말레이어를 유일한 국어로 한다"는 1957년의 연방헌법을 근거로 1967년 3월 3일 국어법을 통과시켰다. 교육 정책의 골자는 모든 국공립학교에서 말레이어를 교수어로 하는 통일된 교육 제도를 확립하는 것이었다. 하지만 라만 수상의 국민 통합 구상은 1969년 5월 9일 총선과 함께 심각한 도전에 직면했다. 이 선거 운동 기간에 이민족이 인종집단 간의 평등을 요구하며, 주로 언어와 교육에 관한 이슈를 부각시키자, 신말레이시아인 창조 정책의 실패가 예견되었다.

총선 결과 동맹당의 득표율이 1964년 선거의 58.4퍼센트에서 48.5퍼센트로 하락한 가운데, 동맹당의 의석수가 89석에서 66석으로 감소했다. 그중 중국계 여당인 MCA의 의석수가 27석에서 13석으로 현저하게 줄어들었다. 반면 민주행동당(이하 DAP)과 그락깐(운동)을 위시한 중국계 야당들과 말레이계 야당인 범말레이시아이슬람당(이하 PAS)이 각각 25석과 12석을 차지했다. 그 결과 동맹당과 사라왁연합인민당을 위시한 여권은 총 144석(1964년 104석) 중 95석(야권 49석)을 차지하는 데 그쳐 개헌 가능 의석 즉 정부의 정책을 확실히 뒷받침할 수 있는 절대다수 의석(정원의 3분의 2)을 확보하지 못하게 되었다. PAS가 UMNO의 정책에 불만을 품은 상당수 말레이인 유권자의 지지를 받았다. 하지만 이 선거에서 최대 승자는 DAP와 그락깐이었다.

선거 결과에 고무된 중국계 야당 지지자들이 5월 13일 꾸알라 룸뿌르에서 승리 자축 행진을 벌였다. 그러자 UMNO 지지자들이 맞불 집회를 열었다. 이 사태는 결국 꾸알라 룸뿌르와 그 인근 도시 지역에서 인종집단 간 유혈 충돌로 발전해 4일간 약 200명이 사망했다. 이른바 '5월13일사건'은 비록 신속하게 진압되었지만, 말레이시아 다인종 사회의 구성원 모두에게 큰 충격을 주었다.

인종집단 간 유혈 사태의 와중에 라만 수상이 정치적 책임을 지고 사임했다. 이 사태의 진정을 위해 국가비상사태가 선포되어 헌법과 의회의 활동이 정지되었다. 뚠 압둘 라작 부수상의 주도로 비상내각인 국가운영위원회를 구성했다.

혼란을 수습하고 1970년에 공식적으로 출범한 라작 정부(1970~1976)는 새로운 국민 통합 정책을 세웠다. 이 정책은 1970년 8월 31일에 공표된 '루끄느가라'[9]란 국가 이념에 반영되었다. 루끄느가라에 명시된 바와 같이 새 정부는 인종집단에 대한 기존의 이원적인 분리 정책과 동화 정책을 대신해, 다인종 사회의 다양한 문화적 전통을 존중하면서 단일 '말레이시아인 사회'로 전환하고자 하는 통합

9 루꾸느가라는 루꾼(Rukun)(기둥 또는 원칙)과 느가라Negara(국가)의 합성어로 국가 기둥 또는 국가 원칙을 의미하며, 다음과 같은 내용을 골자로 하고 있다 : "민족 단합을 달성하기 위해, 민주적인 생활 방식을 유지하기 위해, 국가의 부를 균등히 공유하는 정의로운 사회의 건설을 위해, 다민족 사회의 풍부하고 다양한 문화적 전통의 공존을 보장하기 위해, 현대 과학과 기술을 바탕으로 하는 진취적인 사회의 건설을 위해, 우리 말레이시아인은 아래 원칙을 바탕으로 단합된 노력을 기울일 것을 서약한다. 신에 대한 믿음, 국왕과 나라에 대한 충성, 헌법과 법칙 준수, 솔선수범하는 마음과 도덕심 함양."

정책을 세웠다.

또한 라작 정부는 헌법 수정을 통해 또 하나 강력한 조치를 도입했다. 민감한 사안으로 규정된 술탄의 지위 및 권한, 말레이인의 특별한 지위, 말레이어가 국어라는 사실과 이슬람교가 국교라는 사실에 대해 공공장소에서 문제를 제기하는 사람에게는, 선동에 관한 법에 따라 내란죄를 적용하도록 한 것이다.

이 밖에도 라작 정부는 1974년 독립 협상의 산물인 동맹당을 해체하고, 국민전선(이하 BN)이란 새 정치 조직을 통해 신질서를 구축했다. 동맹당 체제에서 UMNO·MCA·MIC가 각 인종집단을 대표하며 수평적인 관계를 유지했던 반면, BN은 UMNO를 정점으로 두고 다른 정당들은 그 아래 놓이는 수직적인 관계를 통해 통일된 이념과 당론을 수립하고 수행하는 체제였다.

이러한 헌법 수정과 정치 제도 개편의 이면엔 UMNO의 정치적 권한을 대폭 강화해, 다른 연립 정부 구성원들의 정치적 반대 없이 부미뿌뜨라[10] 우대정책을 바탕으로 새로운 국민 통합 정책을 강력하게 추진하려는 의도가 깔려 있었다.

10 '부미뿌뜨라(bumiputra)'의 '부미(bumi)'는 '땅', '뿌뜨라(putra)'는 '아들'을 뜻한다. 직역하면 '땅의 아들'이 되며, 이는 반도의 말레이인과 사바 · 사라왁의 원주민에 대한 통칭으로 쓰인다.

국민 통합을 위한 가장 괄목할 만한 정책은 경제 분야에서 나왔다. 라작 정부는 이른바 신경제정책(이하 NEP)을 발표했다. 1971년부터 1990년까지 20년에 걸쳐 진행될 장기 경제발전 계획이었다. NEP의 주된 목표는, 첫째 인종집단에 상관없이 모든 말레이시아 국민의 소득 수준을 향상해 궁극적으로 빈곤을 퇴치하는 것, 둘째 고용 구조와 국가 자산 소유 즉 상장 회사 주식 비율을 1990년까지 부미뿌뜨라 30퍼센트, 비非부미뿌뜨라(중국인과 인도인) 40퍼센트, 외국인 30퍼센트로 재편하여 인종집단 간의 경제 불균형을 해소하는 것이었다.

국가 자산 재조정 수단으로 주로 규제 완화와 공기업 민영화 정책이 동원되었다. 이에 따라 토착인신용협회·국가경제개발공사·도시개발청·말레이시아산업개발금융회사 등 다양한 공공기관이 신설되었다. 또한 부미뿌뜨라 중에서 숙련된 기술자를 양성하기 위해 일본·한국 등 선진 산업국에 그들을 유학 보내는 제도를 도입했다. 이 밖에도 전문직 분야에서 인종집단 간의 불균형을 해소하고자 정부는 1971년 헌법 수정을 통해 국공립 고등교육기관에 인종집단의 인구 비례별 '입학정원 할당educational quota' 제도를 도입했다. 고용과 교육 기회의 확대 외에도, 정부는 공공주택 정책을 통해 부미뿌뜨라에게 낮은 가격으로 주택을 구매할 수 있는 우선권을 제공했다. NEP가 끝나는 1990년에 부미뿌뜨라의 국가 자산 소유 비율은

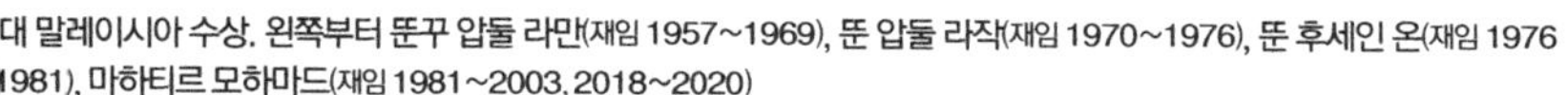

대 말레이시아 수상. 왼쪽부터 뚠꾸 압둘 라만(재임 1957~1969), 뚠 압둘 라작(재임 1970~1976), 뚠 후세인 온(재임 1976
1981), 마하티르 모하마드(재임 1981~2003, 2018~2020)

1970년 1.5퍼센트에서 20.3퍼센트로 급증했다. 그리고 중국인의 소유 비율은 27.2퍼센트에서 44.9퍼센트로 증가했다. 반면 외국인의 소유 비율은 71.3퍼센트에서 34.8퍼센트로 급감했다. 이 재조정 과정에서 외국인 기업이 가장 크게 희생되는 동안, 1990년대 중반까지 약 25년 동안 정부는 매년 50개 정도의 공기업을 민영화했는데, 이 중 노른자위는 부미뿌뜨라가 차지했다.

중국인 사회는 NEP가 종료되면 정부가 다양한 공공사업 분야에 중국인도 자유롭고 공정하게 참여하고 경쟁하도록 허용하리라고 기대했다. 하지만 그들의 기대와 달리 1991년, 정부는 NEP 연장선으로 2020년까지 이어질 국가개발정책(이하 NDP)이라는 또 하나의 부미뿌뜨라 우대정책을 발표했다.

1969년 인종집단 간 유혈 사태 이후 1990년대까지 말레이인 중심의 정치 지도자들은 각 인종집단에 뿌리 깊이 내재한 갈등을 근본적으로 해소할 만한 구상을 진지하게 고려하고 있지 않은 가운데, 단지 인종집단 간의 경제적 불균형 해소를 통해 '말레이시아인' 민족 정체성을 창조하고자 했다. 정부는 NDP를 통해 이러한 국민 통합 정책을 2020년까지 지속할 것으로 보인다.

1970년 이후 말레이시아 정부가 부미뿌뜨라 우대정책을 통해 국민 통합을 추진하는 동안, 이슬람 부흥운동의 여파로 정부는 새로운 차원의 도전에 직면하게 되었다. 이 운동은 1970년대 초 무슬림 인구가 지배적인 걸프 지역의 아랍 국가들을 중심으로 일기 시작해, 전 세계 움마 즉 형제애를 바탕으로 한 이슬람 공동체로 확산된 현상이다. 이 흐름의 영향을 받아 1970년대 말레이시아에서 사회 전반에 이슬람 기풍을 강화하려는 이른바 '닥와운동'이 시작되었다.

말레이계 이슬람 야당인 PAS는 이슬람 부흥운동에 적극적으로 편승해 이슬람의 정치화를 통한 당세 확장을 꾀하면서 UMNO가 이슬람에 대해 모호한 태도를 취하며 비무슬림과 타협하고 있다고 비난했다. 그러자 PAS와 정치적 지지 기반이 겹치는 UMNO는 PAS의 그러한 공세를 마냥 무시하거나 외면할 수 없었다.

1984년 마하티르는 UMNO의 세속적인 인상을 탈피하기 위해 변신을 시도하며, UMNO가 지향하는 세 가지 주요 목표가 말레이계의 권익, 이슬람 가치 실현, 국가의 보호라는 점을 강조했다. 경제적인 측면에서 마하티르는 어떠한 경제적인 발전도 정신적인 발전을 저해해서는 안 되며, 따라서 이슬람 가치의 희생 없이 도덕적으로 건전한 현대 사회를 건설해야 한다고 역설했다. 사회·문화적으로도 마하티르 정부는 다룰 에산(슬랑오르의 아랍어 별칭)에 거대한 이슬람사원 건립, 라디오와 텔레비전 등 대중 매체에서 이슬람 기풍의 강화 및 이슬람 콘텐츠 확대, 닥와재단 설립 등 이슬람화에 많은 노력을 기울였다.

이슬람 부흥운동에 대응해 1980년대 초부터 시작된 정부 주도의 이슬람화 정책은 말레이시아 사회 전반에 이슬람 기풍을 대폭적으로 강화하는 결과를 초래했다. 이러한 정책이 말레이인 사회의 분열을 누그러뜨리는 데 어느 정도 성공을 거둔 반면, 말레이인 사회와 이민족 사회 간의 반목과 이질감은 더욱 증폭했다. 그동안 부미뿌뜨라 우대정책이 국민 통합에 기여한 정도를 명확히 가늠하기 어려운 가운데, 21세기의 문턱에서 말레이시아 사회의 점증하는 이슬람화는 다인종 사회의 진정한 국민 통합에 큰 걸림돌로 작용하고 있었다.

제2부

말레이시아 법제도의 변천

1. 들어가며
2. 전통 법제도
3. 근대 법제도
4. 현대 법제도
5. 나가며

1. 들어가며

지난 세기 말부터 진행된 세계화·정보화·디지털화로 인한 유래 없는 변화에 직면해 학계는 21세기에 부상할 세계질서에 비상한 관심을 기울여 왔고, 이 논의는 여전히 활발하게 진행되고 있다. 새로운 세계질서에 대한 다양한 담론들을 크게 세 범주 즉, 문명 또는 문화 간의 일방적인 통합을 통한 동질화homogenization, 아니면 그들 간의 충돌을 통한 이질성heterogeneity의 강화(이질화) 또는 그들 간의 교배를 통한 혼종화hybridization로 정리할 수 있다.

동질화 주장에 따르면, 세계화로 인해 지역 문화local culture가 서구 문화를 중심으로 하는 규격화standardization된 글로벌 문화global culture로 대체된다는 것이다. 이 주장은 19세기에 근대화를 선점하고 그 문화를 규격화했던 서구가 최근에는 세계화를 주도하며 새로 규격화한 글로벌 문화의 확산을 통해 지역 문화의 동질화를 이루어 간다는 것이다(Ritzer 1997; Meethan 2001).

반면 이질화 주장에 따르면, 세계화로 인해 지역 문화는 자신의 정체성을 인식하게 되어 오히려 점점 더 파편화하고, 혼종화의 경우엔 일방적으로 글로벌 문화에 통합되는 것이 아니라 새로운 흐름에 적응해 자신의 문화를 재창조하는 현상을 띠게 된다는 것이다(Hennertz 1992; Khan 1995; Huntington 2011).

동질화가 전망한 이른바 '문명 수렴'은 세계화·정보화·디지털화가 단순히 서구 민주주의와 자본주의 시장 경제의 보편화라는 정치·경제적 영역 이외에도, 햄버거와 같은 패스트푸드 음식의 보편화와 디즈니 문화의 확산, 이른바 '맥디즈니화McDisneyization'(Ritzer 1997)에서 보듯 일상적인 삶의 영역에서도 국가와 민족 및 문명 간의 장벽을 무너뜨리고 있는 상황을 고려할 때 충분한 설득력을 지니고 있다.

반면 이질화가 전망한 '문명 충돌'과 혼종화가 전망한 '문명 교배' 전망도 각각 세계화·정보화·디지털화로 인한 급속한 동질화에 대한 반작용으로 지역 문화는 다른 문화와의 차별성을 강화시키거나, 교배를 통해 자신의 정체성을 어느 정도 유지하려는 경향을 나타낸다는 점에서 설득력이 있다.

본 연구는 상기 전망들 가운데 문명 충돌과 교배 주장에서 파생된 '동아시아 정체성'에 관한 담론이 동아시아 문명의 미래를 예측하는 데 한 중요한 단초를 제공할 수 있다는 인식에서 출발한다. 그 담론 중 본 연구는 특히 동아시아의 역사 해석에 기반을 둔 인문학적 논의에 주목한다. 이 논의는 근대화를 선점한 서구 세계가 잉태한 논리, 이론 등 지식 체계의 보편성에 의문을 제기해 동아시아 문명에 대한 서구의 몰이해 또는 왜곡을 시정하고, 나아가 그 정체성과 미래를 올바로 인식·예측하려는 데 그 목적을 둔다.

본 연구는 상기 인문학적인 논의에 입각해 동아시아의 한 나라인 말레이시아 법제도의 변천사[1]를 통해 전통 특히, 이슬람 문화가 오늘날까지 그 법제도에서 지속적으로 효용성을 발휘하고 있는 현상을 밝힌다. 이 사례 연구를 통해 본 연구는 서구의 대표적인 근대화 이론 중 하나인 '전통–근대 이분법적 구도'의 보편성에 의문을 제기하고, 좁게는 말레이시아, 넓게는 동아시아 정체성을 올바로 이해하고, 21세기 새로운 세계질서 속에서 그 문명의 미래를 정확히 예측하는 데 일조하고자 한다.

그렇다면 이러한 연구를 수행함에 있어 본 연구는 왜 법제도의 변천에 그 초점을 맞추는가? "한 나라의 법제도legal system는 그 나라

1 본 연구는 연구 범위를 문화사적으로 오늘날 말레이시아의 주류를 이루고 있는 토착 민족인 말레이인의 문화적 정체성을 가장 잘 보여 줄 수 있는 말레이반도의 법제사로 한정한다.

의 역사를 반영한다". 다시 말해 한 나라의 법제도는 그 사회의 전통이나 민족 정서를 비롯하여 도덕적 수준, 관습 등을 모두 담고 있는 소위 살아있는 역사이다. 따라서 어떤 한 나라의 법제도 변천, 특히 그 과정상에 나타난 전통의 변화와 연속성에 대한 탐구는 그 사회의 가치관과 정체성의 본질을 파악하고, 그 문명의 미래를 예측하는 데 매우 유용한 접근 방법이다.

2. 전통 법제도

관습법

15세기 중에 말레이반도에 이슬람이 유입되기 이전에 아닫 뻐르빠띠와 아닫 뜨멍공 두 관습법[2]이 이 지역 모든 사람들의 규범을 통제하는 일반법이었다. 이 관습법들은 공히 모계사회의 전통[3]이 뿌리 깊은 수마뜨라의 미낭까바우 지역에 뿌리를 두고 있다(Hamid 1991 : 5-6; Ismail 2004 : 8-11; Wan 2004 : 16-19; Hickling 2001 : 92-103; Wu 2005 : 4-9; Abdul 1989 : 48-66).

사가들은 오늘날 미낭까바우 지역에 인접한 잠비에 중심을 두었

2 '아닫 뻐르빠띠'와 '아닫 뜨멍공' 이 두 관습법의 명칭은 각각 초기 미낭까바우의 두 전설적인 왕자의 이름인 '빠라빠띠 난 사바땅(Parapatih nan Sa-batang)'과 '께이 따망궁안(Kei Tamanggungan)'에서 유래된 것으로 알려져 있다.

3 미낭까바우의 모계사회 제도는 오늘날 인도 남부의 크랄라(Kerala)에서 이주해온 이주민들이 전한 것으로 알려져 있다. 그 근거로 사가들은 미낭까바우 옛 씨족의 명칭들인 '꼴리가(Coliga)', '빨라비(Palavi)', '메이잘라(Meijala)'가 각각 인도 남부 종족 이름인 '끄랄라(Kerala)', '빨라바(Pallava)', '말라야알람(Malayaalam)'과 매우 유사하다는 사실을 들고 있다.

던 잠비-멀라유 왕국이 수마뜨라에서 인도 문화의 영향을 받아 성립된 최초의 국가로 보고 있다. 이 왕국은 7세기 중에 빨렘방을 중심으로 성립해 12~13세기에 전성기를 누린 스리비자야 왕국의 영향권에 있었다. 그 후 스리비자야가 쇠퇴하자 잠비-멀라유는 그 영향권에서 벗어나 다르마스라야라는 새로운 왕국으로 부활했다. 대략 1340~1375년 사이에 이 왕국은 아딧야바르만이라는 왕자가 통치하고 있었다. 이 시기에 분명하게 알려지지 않은 이유로 일단의 미낭까바우 사람들이 말레이반도로 이주를 시작했으며, 이들과 함께 아닫 뻐르빠띠와 아닫 뜨멍공이 그 지역으로 유입되었다(Sharifah 2007 : 3-5).

아닫 뻐르빠띠는 느그리 슴빌란과 멀라까 나닝의 모계사회를 관장하는 관습법으로 정착했다. 이 사회 권력의 원천은 가정에서 시작해 국가 최고 통치자로, 즉 상향식으로 올라가는 특징을 띠고 있다. 가정에서는 마막이라는 큰외삼촌, 씨족 집단에서는 씨족장, 부족 집단에서는 부족장, 부족들의 연합체인 운당에서는 토호土豪가, 그리고 마지막으로 국가에 해당하는 느그리에서는 얌뚜안이 권력을 행사하고 있었다. 이 같은 지배구조에서 씨족장은 가장인 마막들이, 부족장은 씨족장들이, 운당의 토호는 부족장들이, 국가 최고 권력자인 얌뚜안은 반드시 왕족 출신 중에서 토호들이 선출했다(Abdul 1989 : 59-66).

민사 사법권과 관련해 각 행정 단위의 장은 자신들만의 고유한 영역을 갖고 있었으며, 최고 통치자인 얌뚜안은 운당의 장이 요청한 송사訟事에 대해서만 최종적인 사법권을 행사했다. 사소한 일상적인 민사 분쟁거리는 뻐룻이 담당했다. 그보다 중요한 법적 시비 사건은 름바가가 담당한 한편, 재산 관련 법적 다툼은 운당에서 토호가 전권을 가지고 관장했다. 또한 름바가가 해결하지 못했거나 그 권한 밖의 송사는 운당이 관장했다. 따라서 름바가에 비해 운당의 사법권 영역이 더 포괄적이었다(Ahmad 1995 : 28-29).

형사 사법권과 관련해 아닫 뻐르빠띠는 매우 독특한 제도를 갖고 있었다. 가해자 가족이 그에 대한 일차적인 법적 책임을 졌다. 예컨대 심지어 피해자가 사망했을 때도 이 관습법은 가해자의 가족의 일원이 희생자를 대신해 피해자 가족의 일원이 되거나, '피의 돈'이라고 하는 일종의 금전적 배상을 통해 피해자 가족에게 그 죽음을 보상하도록 했다. 가족이 책임을 질 수 있는 한도를 초과한 경우에 한해서만 가해자는 추방형, 노예형 또는 사형 등의 처벌을 받았다. 이처럼 아닫 뻐르빠띠는 처벌과 복수보다는 피해자에 대한 보상을 통한 원상회복에 중점을 두고 있었다(ibid).

또한 아닫 뻐르빠띠의 형법은 정황 증거에 크게 의존하는 특징을 띠었다. 예컨대, 피의자에게 훔친 물건이 발견되지 않았더라도 그의 심장이 빨리 뛰고 있거나, 비에 젖어 귀가했거나, 베뗄잎betel[4]을 빌리려는 사람을 그냥 지나쳤다면, 그는 범죄를 저지른 것으로 의심을 받아 처벌될 수도 있었다(ibid).

상기 민사와 형사 분야 이외에도 아답 뻐르빠띠는 다양한 사회규범을 통제하는 일반법이었다. 각 행정 단위의 장長 선출을 비롯해 결혼과 이혼, 부인의 부족에서 남편의 지위 등 모계사회 관습, 토지 문제, 재산과 상속 분할 등에 대한 규정을 두고 있었다. 아답 뻐르빠띠는 모계사회의 관습법답게 특히 재산과 상속과 관련해 재산을 다음과 같이 세 부류로 상세히 규정했다(ibid) :

> 상속 재산은 조상으로부터 물려받은 재산이다. 이 재산은 여성이 물려받는다. 모친이 사망하기 전에 예비 상속인을 정할 수 있다. 모친이 사망하면 그 자손들이 재산을 분할해 상속받는데, 이때 상속은 개인당이 아닌 가계당으로 이루어진다. 이혼 시에 상속 재산은 여성이 차지한다.
>
> 혼전 남편 재산과 아내 재산은 남편과 아내가 결혼 전에 획득

4 전통시대 말레이세계에서 입 냄새를 없애기 위해 껌처럼 씹던 나뭇잎.

한 재산이다. 이 재산은 사망 시에 망자의 가장 가까운 여성 자손에게 분할 상속된다. 이혼 시에 이 재산은 각자의 소유로 되돌아간다.

공동 획득 재산은 결혼 기간 중 남편과 부인이 함께 공동으로 획득한 재산이다. 이혼 시에 이 재산은 절반씩 나누어 갖는다. 만약 배우자 중 한 사람이 먼저 사망할 경우 아무런 문제가 제기되지 않으면 이 재산은 살아있는 배우자에게 상속된다. 그러나 문제가 제기되면 이 재산의 상속은 여러 지역의 판례를 따른다.

아닫 뻐르빠띠의 재산과 상속, 특히 토지 관련 부분은 느그리 슴빌란과 멀라까의 나닝 일부 지역에서 현재까지 여전히 실행되고 있다.

아닫 뜨멍공은 아닫 뻐르빠띠와 마찬가지로 본래 미낭까바우의 모계사회 관습법이었다. 이러한 주장은 뻬락·빠항·슬랑오르의 재산과 상속법 그리고 멀라까와 뻬락의 토지 보유권land tenure이 느그리 슴빌란의 그것들과 유사하다는 사실에 근거한다. 하지만 아닫 뜨멍공은 서기전 150년경에서 서기 150년경 사이에 말레이세계를 포함해 동남아시아 전역에 전파되기 시작한 인도 문화, 특히 힌두법의 영향을 받아 부계사회의 관습법으로 변용되었다(Abdul 1989 : 51-58;

Ahmad 1995 : 29-30).

힌두법은 산문 법전인 다르마수트라, 시문 법전인 다르마사스트라, 그리고 힌두 관습법에 그 바탕을 두고 있다. 전형적인 부계사회 법인 힌두법에 따르면 남편이 가장이며, 만약 가장이 사망하거나 불구가 되어 그 역할을 수행하지 못할 경우 그의 모든 권한은 장남에게 승계된다. 여성은 어릴 때엔 아버지, 결혼한 뒤엔 남편, 그리고 노년에는 아들에게 종속된다(Ahmad 1995 : 30-32).

이러한 가부장적인 힌두법의 영향으로 권력의 원천이 상향식으로 가장에서 시작되어 최고 통치자로 거슬러 올라가는 아닫 빠르빠띠와는 반대로, 아닫 뜨멍공은 권력의 원천을 븐다하라(재상)에서 뜨멍궁(육지 치안 담당 수장)과 락사마나(해양 치안 담당 수장), 그리고 샤반다르(항구 수장)로 하향식으로 이어지는 관료제도와 그 보좌를 받는 통치자에게 두게 되었다. 그들은 각자 특정한 직능, 광범위한 사법권, 사적인 노역 징발권 등을 갖고 있었다(Andaya 2001 : 46-52; Abdul 1989 : 53-54; Ahmad 1995 : 30-32).

이 밖에도 힌두법은 전통 말레이 사회의 여러 법제도 분야에 폭넓은 영향을 미쳤다. 사회 계층마다 다른 의복 착용·호신용 단검(끄리스) 착용· 왕족의 노란색 독점적 사용, 부녀자 유괴에 의한 결혼,

사형에 처할 수 있는 10대 주요 범죄, 시죄법試罪法[5], 찔러 죽이는 형벌에 의한 처형, 말레이어에 차용된 많은 산스크리트 법률 용어 등이 그것들이다(Andaya 2001 : 46-52; Sharifah 2007 : 3-5).

힌두 형법은 그 근간을 복수의 원칙에 두고 있다. 예컨대 가해자는 그가 범죄에 사용한 신체의 부분 즉 손발을 절단하는 처벌을 받는다. 아닫 뜨멍공은 힌두 형법의 영향으로 복수 원칙의 특징을 띠고 있다(Ahmad 1995 : 30-32). 하지만 15세기에 말레이반도에 이슬람이 유입된 이후 아닫 뜨멍공의 복수 성격의 형법은 몇몇 분야에서 피고의 종교에 따라 유연하게 적용했던 것으로 보인다. 《멀라까법전》의 같은 조항에 관습법에 이어 이슬람법이 병기되어 있어 피고가 형벌을 선택할 수 있었기 때문이다. 이와 관련된 한 조항을 소개하면 다음과 같다(Liaw 1976) :

> 다른 사람의 부인을 강탈한 범행으로 고소를 당한 피고소인이 만약 무죄를 입증하면 고소인은 사형 선고를 받는다. 다른 사람의 부인을 강탈한 자는 사형 선고를 받기 때문이다. 만약 고소인이

5 피고에게 신체적 고통이나 시련을 가해, 그 결과, 즉 참아내는 정도에 따라 죄의 유무를 판단하는 재판 방식.

사형 선고를 받지 않을 경우 그는 10과 1/4 따힐(tahil)의 벌금형에 처해진다. 그러나 단지 재판관만이 그 고소인을 사형에서 구제할 수 있는 권한이 있다. 상기의 경우에 알라(Allah)의 법[이슬람법 즉 샤리아]은 다르게 판결한다. 재판관은 그 고소인에게 신앙고백을 권유하고, 그의 행위를 회계하도록 명령한다. 이것이 알라의 법이다(14조 2항).

아닫 뜨멍공은 이슬람법과 함께 3대 술탄인 무함마드 샤(재위 1424~1444)에서 5대 술탄인 무자파르 샤(재위 1446~1459) 재위 시기에 몇 차례 개정을 거듭하며 편찬된 《멀라까법전》[6]의 근간이 되었다. 이처럼 아닫 뜨멍공은 멀라까 왕국의 법제도에 수용되어 느그리 슴빌란과 멀라까의 나닝을 제외한 말레이반도의 다른 지역으로 확산되어 고대 말레이반도 전역의 일반법으로 자리를 잡았다(Andaya 2001 : 46-52; Hamid 1991 : 5-6; Ismail 2004 : 8-11; Wan 2004 : 16-19; Hickling 2001 : 92-103; Wu 2005 : 4-9; Abdul 1989 : 48-66).

6 개정 · 편찬된 시기에 따라 《운당 운당 멀라까》, 《리살랏 후꿈 까눈(*Risalat Hukum Kanun*)》, 《후꿈 까눈 멀라까(*Hukum Kanun Melaka*)》 등으로 다양하게 불린다.

이슬람법의 도입

이슬람은 대략 13세기 말 북부 수마뜨라의 아쩨, 특히 사무드라-빠세이를 통해 말레이세계에 유입되기 시작해 15세기 중엽에 멀라까에 정착했다. 전술한 바와 같이 이슬람이 도래하기 이전에 말레이반도 대부분의 지역에서 힌두법의 영향을 받은 관습법인 아닫뜨멍공이 일반법이었다.

《멀라까법전》의 초기 버전은 총 28개 조문을 담고 있었다. 이 중 관습법이 16개로 여전히 가장 큰 비중을 차지하고 있는 가운데, 이슬람법이 4개(혼인 관련법), 그리고 관습법과 이슬람법을 함께 명시한 조문이 8개였다. 이 8개 조문 중 12조 2항을 소개하면 다음과 같다 :

> 어떤 남성이 미혼 여성을 강간한 사실이 재판관에게 알려지면, 재판관은 그 남성을 호출해 강간당한 여성과 결혼할 것을 명할 것이다. 만약 그 남성이 그녀와 결혼하기를 거부하면, 그는 관습법에 따라 3따힐 1빠하(paha)의 벌금과 함께 그녀에게 결혼 선물 비용을 지불해야 한다. 그러나 이슬람법에 따르면 그가 유부남(muhsan)일 경우 그는 군중의 돌팔매 형벌을 받을 것이고, **그렇지 않을 경우 80대의 채찍 형에 처해질 것이다**(Liaw 1976 : 127-135).

이 조항 외에도 〈정부paramour의 살인 관련 법률〉(5조 3항), 〈노비를 살해한 자유인에 관한 법률〉(7조 2항), 〈신체 위해에 관한 법률〉(8조 2, 3, 4항), 〈노비에 관한 법률〉(10조), 〈버팔로, 소 또는 염소를 훔친 사람에 관한 법률〉(11조 4항), 〈고소, 고발, 거부에 관한 법률〉(13조), 〈다른 사람의 부인을 강탈한 사람에 관한 법률〉(14조 2항)이 관습법과 이슬람법을 병기하고 있다(ibid.). 이 같은 사실을 바탕으로 멀라까 사회에 이슬람의 유입과 함께 이슬람법이 관습법을 급진적으로 대체하지 않았음을 알 수 있다.

이 대목에서 한 가지 흥미로운 사실은 《멀라까법전》에 "알라의 법은" 또는 "이슬람법에 따르면"이라고 병기되어 있는 상기 8개 조문의 내용이 36조부터 42조까지 7개 조문에 명시되어 있는 이슬람 형법 및 소송절차법과 일치하지 않는 부분이 있다는 것이다(ibid : 149-163). 예컨대 부녀자 유혹에 관한 법률 조항과 관련해 아래 40조 1항은 전술한 12조 2항(강조 부분)과 비교해 보면 같은 범법 행위에 대해 아래(강조 부분)와 같이 차이 나는 형벌을 규정하고 있다 :

> 불법적인 성관계(zinah)는 두 가지 경우로 나눌 수 있다. 하나는 유부남과 유부녀(muhsan) 간의 경우이고, 다른 하나는 미혼 남성과 미혼 여성(non-muhsan) 간의 경우이다. 전자의 경우 유부남

은 군중의 돌팔매 형벌을 받을 것이다. **그러나 후자의 경우 미혼 남은 100대의 채찍 형을 받고 일 년간 국외로 추방될 것이다.**

이러한 불일치와 관련해 사가들은 《멀라까법전》이 3대부터 5대 술탄까지 3대에 걸쳐 시차를 두고 몇 차례 편찬된 사실에 주목한다. 그들은 이슬람 상거래법 6개 조문(29-34조)과 형법에 관한 8개 조문(35-42조)은 뒤에 편찬된 《멀라까법전》에 추가된 조문들이며, 같은 범법 행위에 대해 보다 강화된 형벌을 적용한 점은 멀라까 사회의 구성원들이 이슬람을 점진적으로 수용하는 과정에서 그 시기에 따라 그 법에 대한 인식과 태도 변화를 반영한 것이라 주장한다(Hamid 1991 : 5-6).

그렇다면 총 42개의 조문으로 구성된 《멀라까법전》에서 이슬람법이 어떤 분야에서 지배적이며 어느 정도의 비중을 차지하고 있었을까? 우선 아래와 같은 4개 혼인 관련 조문(25~28조)이 이슬람법에 포함된다(Liaw 1976 : 127-135) :

25조 1항 여성의 결혼에 있어 나이, 법적 후견인, 결혼 승낙에 관한 법률

25조 2항 청혼(Ijab)과 수락(qabul)(결혼식 때 반드시 소리 내어 말해야 하는), 후견인에 기초한 혼인 유효 또는 합법

성에 관한 법률

26조 증인에 기초한 혼인 유효 또는 합법성에 관한 법률

27조 어떤 결점이 발견되었을 경우 남자와 여자 쪽이 행사할 수 있는 이면적 권리 및 결혼 취소(khiyar)에 관한 법률

28조 1항 거절(talak)의 종류에 관한 법률

28조 2항 혼인 가능한 여성에 관한 법률

28조 3항 혼인 가능한 노비에 관한 법률

《멀라까법전》이 비중 있게 담고 있는 또 하나의 이슬람법 분야는 6개 조문(29~34조)으로 구성된 상거래법이다(ibid : 135-149) :

29조 무게와 계측에 관한 법률

30조 상거래에 있어 판매와 불로소득 금지에 관한 법률

31조 토지 거래에 관한 법률

31조 2 · 3항 원래 결함이 있는 상태에서 판매된 물품의 환불에 관한 법률

32조 1항 파산에 관한 법률

32조 2항 분쟁의 원만한 해결(sulu)에 관한 법률

32조 3 · 4 · 5항 보증과 차용에 관한 법률

33조 1 · 2항 자금 공급; 합작 투자 그리고 이윤 분배에 관한 법률

34조 1 · 2항 수탁자의 권한에 관한 법률

《멀라까법전》에서 이슬람법이 두드러지게 나타난 또 한 분야는 8개 조문(35~42조)으로 이루어진 증거와 소송절차법, 그리고 형법이다(ibid : 149-163) :

35조 자백에 관한 법률

36조 배교에 관한 법률

37조 목격자의 증언과 효력에 관한 법률

38조 소송절차와 선서에 관한 법률

39조 살인에 관한 법률.

40조 불법 성행위에 관한 법률

41조 명예훼손에 관한 법률

42조 음주에 관한 법률

이상에서 살펴본 바와 같이 《멀라까법전》 전체 42개 조문 중 순수 이슬람법 조문은 혼인법(4개), 상거래법(6개), 그리고 증거와 소송절차법 및 형법(8개)을 포함해 18개로 절반에도 못 미치는 비중을 차

지하고 있다. 이 같은 사실을 바탕으로 이 법전의 마지막 버전이 편찬된 15세기 중엽까지 멀라까 사회에 이슬람법이 일반법으로 확고하게 정착되지는 않았음을 알 수 있다.

그 후《멀라까법전》을 표본 삼아 제정된 말레이반도 다른 느그리들의 법전들에 관습법의 비중이 점차 감소한 반면, 이슬람법의 비중이 증가하는 현상을 보였다. 예컨대, 16세기 말에서 17세기 초에 가푸르 무헤이유딘 샤(재위 1592-1614) 재위 중《멀라까법전》에 기초해 제정된《빠항법전》의 총 67개 조문 중 이슬람법이 3분의 2가 넘는 비중을 차지하고 있다. 경제 및 상거래에 관한 법률(24-27조, 29-45조), 형사와 벌금에 관한 법률(46-55조), 이슬람에 대한 기본 의무에 관한 법률(58조, 60-61조), 증거와 증언에 관한 법률(40조, 63-65조), 가족에 관한 법률(67조)이 그것들이다(Hamid 1991 : 6-8). 1667년《멀라까법전》을 기초로 제정된 또 하나의 법전인 끄다의《다또 스리 빠두까 뚜안 법전》은 이전의 법전들과는 달리 무슬림의 기본 의무를 다음과 같이 상세하게 규정하고 있다(ibid : 8-9) :

> 절도, 강도, 닭싸움, 마약 밀수, 도박, 정령 숭배(나무 또는 바위), 음주 이 모든 행위는 알라신에 위배되며, 마을의 원로는 이 같은 행위들을 촌장에게 보고해야 한다. 만약 마을의 원로나 촌장이 이를 어기면 처벌을 받는다.

> 촌장은 마을 주민들에게 하루에 다섯 차례 의무적인 기도 그리고 금식, 금요일 집회 기도를 준수하도록 명해야 한다. 이 명을 준수하려 하지 않는 자는 목에 멍에가 씌워진 채 사원으로 끌려올 것이다.
>
> 토지 소유자는 반드시 종교 세금, 즉 구빈세(zakat)를 지불해야 한다.

1920년대 끄다의 법률 고문으로 일하던 깁슨W. S. Gibson은 서구식 형법을 도입하면서 다음과 같이 언급했다 :

> 끄다 이슬람법정(Islamic court)이 지금까지 적용한 형법은 샤리아(syaria : 이슬람법)였다. 이 법제도는 결코 오늘날의 사회에 맞지 않는다. 따라서 샤리아는 일반법정(civil court) 판사의 재량이 허락되는 범위까지 대폭 수정되어야 한다(ibid : 9 재인용).

19세기에 끌란딴에서 이슬람 법제도가 체계적으로 시행되고 있었다. 윌리암 로프William Roff 교수에 따르면 1830년대에 꼬따 바루의 법원에 이슬람 율사mufti와 판사hakim가 상주하면서, 전자는 샤리아법정에서 결혼, 이혼, 재산 등의 송사를 처리한 한편, 후자는 이슬람법과 관습법을 혼용해 형사법정을 관장했다(Roff 1974 : 106).

20세기 초 뜨렝가누에서 이슬람법의 영향력이 두드러지게 나타났다. 1911년에 공포된 《이까눌물룩 피 알 따딜 알 술룩》으로 알려진 뜨렝가누 법전 제51조는 "뜨렝가누는 이슬람 느그리이며, 이슬람교는 느그리의 종교이고, 느그리의 통치자는 반드시 말레이인 무슬림"이어야 한다고 규정하고 있다(Ahmad 1981 : 23; Hamid 1991 : 10).

비슷한 시기에 조호르는 터키와 이집트에서 제정된 법전인 《마잘라 알 아캄》과 《까드리 쁘사》를 말레이어로 번역해 각각 《마잘라 아깜 조호르》와 《아캄 샤리아 조호르》란 이름으로 편찬했다(Ahmad 1981 : 23; Hamid 1991 : 10-11). 이는 20세기 초에 순니 이슬람의 샤피법학파 전통[7]을 따르는 이슬람법이 말레이 사회에 정착되었음을 말해 준다.

7 이슬람법인 샤리아는 《쿠란(al-Quran)》과 예언자 무함마드의 언행록인 《하디스(hadith)》를 근거로 한다. 《쿠란》과 《하디스》에서 판결에 적용할 법적 근거를 찾지 못한 경우, '끼야스(qiyas, 유추)'나 '이즈마아(Ijmā', 합의)'를 채택한다. 끼야스는 기존의 판례 중에서 유사한 상황을 찾아내어 적용하거나 관행에 비추어 결정하는 것이고, 이즈마아는 공동체의 합의나 법학자 집단의 협의를 거쳐 판결에 도달하는 것이다. 8세기 말 《쿠란》·《하디스》·끼야스·이즈마아가 4대 법원(法源)으로 확립되었으나, 이후 이들 법원에 대한 해석이나 적용 범위에 대한 이견이 발생하면서 법학파가 생겨나게 되었다. 하나피(Hanifi)·말리키(Maliki)·샤피(Shafi)·한발리(Hanbali)가 바로 이들 학파다. '이라크 법학파'라고도 불리는 하나피는 이성과 자유를 존중하며 끼야스를 가장 많이 사용한다. '메디나

이상의 내용을 토대로 늦어도 20세기 초에 말레이반도 대부분의 지역에 이슬람의 확산과 더불어 이슬람법이 관습법을 대신해 이 지역의 일반법으로 정착했음을 알 수 있다. 영국 식민지 관료였던 윌킨슨R. J. Wilkinson과 판사였던 브러델C. J. C. Braddel의 아래 기록들이 그 같은 사실을 대변해준다 :

> 19세기 말부터 만약 영국이 말레이반도에 서구식 보통법을 도입해 법제도를 이원화하지 않았다면, 이슬람법이 오늘날〔1920년대〕〔이(異)민족을 포함한〕 말라야의 모든 사람에게 적용되는 일반법이 되었을 것이라는 사실에 의심의 여지가 없다(Wilkinson 1922 : 49).
>
> 〔뻬락의 술탄과 빵꼬르〕 조약을 체결하기〔1874년〕 이전에 말레이반도의 인구 대다수는 말레이인 무슬림들이었으며, 그 가운데 광산과 산업 도시에 중국인들이 섞여 살아가고 있었다. 당시 이들

(Medina) 법학파'로도 불리는 말리키는 메디나의 권위 있는 전통과 구전된 《하디스》를 바탕으로 이론을 발전시켰다. 샤피는 끼야스 적용을 최소화하고, 메디나의 전통 관행 중에서도 《하디스》만을 법원으로 채택한다. 한발리는 오직 《쿠란》과 《하디스》만 따라야 한다고 주장하면서 인간의 이성에 의존하는 유추법을 배격하기 때문에 매우 엄격하고 관용성이 적은 법체계를 이룬다. 동남아시아 이슬람은 순니파(Sunni)로 샤피 법학파를 따른다.

> 모두에게 적용할 수 있는 유일한 법은 관습법의 영향을 받아 변용된 이슬람법뿐이었다(Ahmad 1981 : 24 재인용).

소결

전통시대 말레이반도에 이슬람 유입과 정착에 따른 법제도 변동을 다음과 같이 정리해 볼 수 있다. 첫째, 총 44개 조문으로 구성된 《멀라까법전》 최종 버전에 순수 이슬람법 조문이 차지하는 비중이 절반 이하인 점으로 보아 15세기 중엽까지도 멀라까 사회에 여전히 힌두 기풍氣風이 우세한 가운데 이슬람 기풍이 혼재했다. 이러한 가운데 이 시기 멀라까 사회에 관습 법제도와 이슬람 법제도가 공존했다.

둘째, 《멀라까법전》의 초기 버전 11개 조문에 관습법과 이슬람법을 한 조문에 병기해 피고의 종교에 따라 법을 달리 적용한 점과 이 조문들의 이슬람법 내용이 나중 버전에 추가된 그것과 차이를 보이고 있는 점은 멀라까 사회가 이슬람을 점진적으로 수용하는 동안, 그 구성원들의 이슬람에 대한 인식과 태도에 따라 이슬람 법제도가 탄력적으로 운영되었음을 시사하고 있다.

끝으로, 16세기 이후 《멀라까법전》을 표본 삼아 제정된 말레이반도의 다른 느그리들의 법전에는 관습법의 비중이 점차 감소했던 반면, 이슬람법의 비중이 늘어났다. 또한 19세기 끌란딴에서 이슬람 법제도가 체계적으로 시행되고 있었고, 20세기 초 뜨랭가누 법전이 통치자의 자격 조건을 무슬림으로 규정했을 뿐 아니라, 조호르가 터키와 이집트의 법전을 번역·편찬했던 점들로 보아 말레이반도의 이슬람화는 5세기에 걸쳐 점진적으로 진행되었음을 알 수 있다. 이슬람 법제도가 관습 법제도를 대체하는 과정도 그와 궤를 같이하면서 20세기 초에 이슬람법이 말레이 사회의 일반법으로 확고하게 정착되었다.

3. 근대 법제도

영국법의 도입

영국의 말레이반도 식민지배는 앤드루 클라크가 빼락의 라자 압둘라 술탄과 1874년에 맺은 빵꼬르 조약과 함께 시작되었다. 이 조약의 제6항은 다음과 같은 사항을 명시하고 있다 :

> 술탄은 말레이 종교(이슬람)와 관습을 제외한 주(州)의 제반사에 대해 그에게 조언할 주재관에게 ... (Maxwell 1924 : 28).

영국은 이 조항을 근거로 술탄의 행정권을 대폭 축소시키는 한편, 새로운 서구식 행정 제도의 운영을 위해 말레이반도에 영국법을 도입하기 시작했다. 하지만 각 느그리의 술탄과 조약을 체결한 시점과 연방말레이주(이하 FMS)와 비연방말레이주(이하 UMS)의 결성 시점이 달랐고, 그 지배 성격에도 차이가 있어, 영국은 그 법을 말레이반도 전체에 동시에 일률적으로 도입할 수 없었다. 따라서 영국법은 체계적인 절차 없이 새로운 상황이 발생한 가운데 그에 적용할 마땅한 현지법local laws을 찾기 어려울 때마다 그때그때 공백을 메우는 방식으로 도입되었다(Ahmad 1995 : 68).

이러한 방식에 따라 영국법의 도입은 주로 두 가지 방법을 통해 이루어졌다. 첫 번째는 빵꼬르 조약의 규정에 따라 주재관이 필요할 때 술탄에게 법을 제정하도록 조언하고 술탄이 그의 조언을 따르는 것이었다. 그 첫 사례로 뻬락이 1884년 7월 28일에 인도 형법에 기초한 해협식민지 형법을 도입했다. 이 법은 개정을 거쳐 1936년에 FMS 전체에 적용되었다. 이어 뻬락과 슬랑오르가 1893년과 1894년에 각각 인도증거법에 기초한 해협식민지 증거법을 받아들였다. 이 법 또한 개정을 거쳐 1936년에 FMS에서 일반적으로 적용되었다(Hamid 1991 : 14-15).

1899년엔 뻬락, 슬랑오로 그리고 느그리 슴빌란이, 1900년엔 빠항이 주재관의 조언에 따라 인도의 계약법에 기초한 계약법을 도입했다. 1900년에 몇몇 느그리가 인도의 형사절차법을, 그리고 1897~1903년 사이엔 여러 느그리가 토지법을 입법해 토지 권리 등록 절차인 오스트레일리아의 토렌스제도[8]를 도입했다. 이들 또한 1936년에 개정을 거쳐 FMS 전체에 적용되었다. 이 같은 과정을

8 토지의 권한을 명확히 하고 토지 거래에 따른 변동 사항 정리를 용이하게 하여 권리증서의 발행을 손쉽게 행하는 제도로 오스트레일리아 로버트 토렌스(Robert Torrens) 경에 의해 창안되었다.

거쳐 영국 법제도에 입각한 형법, 증거와 절차법, 계약 및 토지법이 1930년대에 FMS에서 말레이 관습법과 이슬람법을 대신하게 되었다(Ahmad 1981 : 24-25).

두 번째는 법정에서 영국 판사의 결정을 통해 이루어졌다. 주재관의 조언에 따라 1896년에 술탄은 서구식 일반법정을 설립했다. 그 이전에 FMS의 항소심은 술탄이 주재하는 주의회의 주재관법정에서 다루어졌다. 1905년에 법정 법령이 제정되면서 고등 판무관의 추천을 받아 총주재관이 임명하는 수석 사법 판무관과 두 명의 사법 판무관으로 구성된 오늘날 대법원 격인 최종 항소심법정이 설립되었다. 이 법정은 항소심 실무를 담당할 2인 이상의 판사를 두었다(Ahmad 1995 : 68-69).

이 법정의 고위 관료와 판사들은 영국 법제도 틀에서 훈련된 법률가들이었다. 따라서 그들은 어떤 새로운 사법적인 문제가 발생해 그 문제에 적용할 적절한 법률 조항이 없는 경우 영국 법제도의 원칙을 우선적으로 참고함으로써 법정을 통해 FMS에 영국법이 자연스럽게 도입되었다(Hamid 1995 : 15; Wu 2005 : 30; Ahmad 2000 : 20).

이와 같은 두 가지 방식으로 도입된 영국법은 1937년에 FMS의 민법령과 1951년에 UMS의 확대민법령에 따라 말레이반도의 공식적인 일반법으로 거듭났다. 이 두 민법령은 말라야연방 전체에 적용되는 1956년의 민법령에 의해 대체되었다. 즉 오늘날 말레이시아

연방의 일반법으로 자유, 평등, 인권과 같은 인류의 보편적인 가치 universal values에 기초를 둔 영국 보통법의 적용은 1937년과 1951년의 민법령에 기초한 1956년의 민법령에 근거를 두고 있다고 정리할 수 있다. 1956년 말라야연방의 민법령 제3조 1항의 골자는 아래와 같다(Wan 2004 : 107-108).

(a) 서부 말레이시아(말레이반도)에 … 1956년 4월 7일부로 영국의 보통법과 평등원칙을 적용한다.

(b) 사바에 영국의 보통법과 평등원칙을 적용한다.

(c) 사라왁에 영국의 보통법과 평등원칙을 적용한다.

이슬람법의 위상 약화

1874년 영국이 뻬락의 술탄과 맺은 빵꼬르 조약의 원칙에 따르면 주재관은 '말레이 종교(이슬람)와 관습에 대한 문제를 제외한' 행정사에 대해서만 술탄에게 조언하도록 되어 있었다. 하지만 현실을 달랐다. 영국은 자신들의 필요에 따라 이슬람과 말레이 관습에 대한 술탄의 고유 권한을 종종 침범했다(Abdul Monir 1989 : 188). 그 한 예로 식민지 정부는 독자적으로 무슬림 결혼과 이혼 등록 법령을 제정해 반도의 여러 느그리에 도입했다(Hamid 1991 : 18).

빼락 무슬림 결혼과 이혼 등록 법령(1885)

슬랑오르, 느그리 슴빌란, 빠항 무슬림 결혼과 이혼 등록 법령 (1900)

조호르 무슬림 결혼 법령(1914); 무슬림 의무 위반 법령(1919)

빠르리스 무슬림 결혼과 이혼 등록 법령(1913)

끄다 샤리아법정 법령(1934)

뜨랭가누 무슬림 결혼과 이혼 등록 법령(1922)

끌란딴 무슬림 결혼과 이혼 등록 법령(1938)

상기 법령에 따라 무슬림의 결혼식은 후견인인 왈리의 승인이 필수적이며, 결혼과 이혼의 등록을 의무적으로 해야 하고, 그렇지 않은 결혼과 이혼은 효력이 없으며, 결혼과 이혼 증명서 발급이 일반화되었다. 이 법령의 제정·도입은 말레이 사회의 효율적인 인력 통제에 그 목적을 두고 있었다. 하지만 이를 통해 식민지 정부는 이슬람법과 관련해 예상치 못한 문제가 발생했을 때 영국 판사의 입회하에 그 문제를 주의회 안건으로 논의토록 하는 명분을 얻었다. 이를 계기로 식민 정부는 자신들의 필요에 따라 술탄의 고유 권한을 종종 무시하며 이슬람법을 통제했다(ibid : 18-19).

게다가 FMS에서 영국 판사들은 이슬람법 조문의 명확한 해석에 대해서도 많은 관심을 쏟았다. 이를 위해 그들은 아머Amer의 《무슬림법》, 베일리Baillie의 《무슬림 상속법》 등 영국령 인도에서 출판된 표준 이슬람법을 참고하기도 했다(Abdul Monir 1989 : 188-189). 이러한 행위는 영국 판사들 간에 이슬람법에 대한 논쟁을 불러일으키기도 했다. 예컨대, 조호르의 법정에서 쏜J. Thorn이란 판사는 인도의 표준 이슬람법에 대해 다음과 같은 견해를 피력했다(ibid : 189-190 재인용).

> 무엇이 이 느그리(조호르 술탄 영지)의 이슬람법인가 하는 의문을 해결하는데 인도의 소송을 참고하는 것은 옳지 않을 수도 있다. 이슬람법은 나라마다 신봉하는 이슬람 신앙에 따라 각양각색이기 때문이다. 따라서 인도의 표준 이슬람법이 반드시 이 느그리의 사정에 맞는 적절한 법이라고 볼 수 없다.

더욱이 영국 판사들은 이슬람법의 고유 영역을 침범해 영국법을 적용하기도 했고, 이 판례는 다른 유사한 소송의 판결 기준이 되었다. 예컨대, 재산 상속과 관련된 유언에 영국법 조항이 적용되기도 했으며, 관련된 여러 유사 소송이 그 판례를 따랐다(Hamid 1991 : 19).

영국 식민지 정부의 이슬람법에 대한 간섭은 법 행정 제도에서도 나타났다. 식민지배 이전 말레이반도의 느그리들은 근대적 의미의 법원 체계가 존재하지 않는 가운데, 주로 븐다하라와 같은 고위 관료나 우리의 읍릅에 해당되는 무낌의 장인 뻥훌루의 해석에 따라 관습법과 이슬람법을 제각각 집행했다. 그러는 동안 1930년대 영국 식민지 정부는 FMS에 샤리아법원을 설립해 일반법원의 체제에 통합시키는 법제도를 수립했다. 따라서 이때부터 샤리아법원이 일반법원의 부속 기관이 되었다(Hickling 2003 : 104-105).

이 같은 추세는 1948년까지 지속되었고, 1948년 말라야연방의 출범과 함께 법원 법령을 통해 연방의 사법 제도를 새롭게 수립하는 과정에서도 샤리아법원은 일반법원에 부속된 하급 기관으로 간주되어 비중 있게 다뤄지지 않았다(Ahmad 1995 : 67-68). 그 결과 1957년 독립 말라야연방 헌법은 연방의 사법 제도와 관련해 샤리아법원에 대해서 어떠한 별도의 법 조항을 마련하지 않았다(Mohammad 2000 : 26).

1957년에 말라야의 독립과 함께 이슬람과 관련된 제반 모든 권한을 술탄에게 부여하는 연방헌법 제9부칙 조항에 따라 이슬람법은 공식적으로 각 느그리의 대인법으로 전환되었다(Abdul Monir 1989 : 190).

2차 세계대전 이전 영국 식민지배하에서 중국인과 인도인의 대대적인 유입으로 인해 말라야가 다인종 사회로 바뀌어 가고(Andaya

2001 : 177-184), 근대화와 함께 다양한 새로운 분야의 법률사事가 급속히 증가하고, 또한 식민지 정부가 이슬람법과 그 제도에 대해 지속적으로 간섭하고 통제한 결과, 영국법이 점차 이슬람법을 대신해 말레이반도의 일반법으로 자리를 굳혀갔다. 반면 이슬람법은 무슬림의 결혼과 이혼, 상속과 같은 가족법 분야와 종교적 의무를 관장하는 대인법으로 전환되었다. 이러한 법제도의 이원화에 더해 1948년 이후 독립 협상 과정에서 이슬람 법제도에 대한 식민 정부의 무관심으로 인해 그 위상도 크게 추락하고 말았다.

소결

영국 식민지배 전야에 이슬람법이 관습법을 대신해 말레이반도의 일반법이 되었다. 1874년 빵꼬르 조약을 시작으로 영국은 말레이반도의 술탄들과 맺은 조약을 근거로 그들의 행정권을 대폭 축소시킨 가운데 영국법을 도입하기 시작했다.

그러는 동안 영국 식민지 정부는 술탄의 고유 권한을 종종 침범하며 이슬람법에 대해 지속적으로 간섭하고 통제했다. 그 결과 다인종 사회에서 영국법이 점차 인종과 종교에 관계없이 말레이반도의 모든 사람들에게 적용되는 일반법으로 발전했다. 반면 이슬람법은 말레이 무슬림 사회의 가족법과 종교사에 제한적으로 적용되는 대인법으로 전환되었다. 요약하면 영국의 식민지배는 영국법의 도입과 함께 말레이시아 법제도를 이원화시켰을 뿐만 아니라 이슬람법을 대인법으로 축소시켜 그 위상의 약화에도 크게 기여했다.

4. 현대 법제도

이슬람 부흥운동

이슬람 부흥운동은 1970년대 초 걸프 지역의 아랍 국가들을 중심으로 일기 시작해, 전 세계 움마 즉 형제애에 바탕을 둔 이슬람 공동체로 확산된 현상이다. 이 흐름의 영향을 받아 1970년대 말레이시아에서 사회 전반에 이슬람 기풍을 강화하려는 이른바 '닥와운동'이 시작되었다. '닥와'란 '이슬람으로 초대'를 의미하는 아랍어인 '다와'에서 유래했다. 이 운동은 이슬람 경전인 《쿠란》과 《하디스》의 가르침에 따라 원래의 이슬람 정신으로 돌아가, 이슬람을 '완전한 생활 방식'으로 받들려는 종교적인 열망의 분출로 나타났다.

1980년대 초 말레이계 야당인 범말레이시아이슬람당(이하 PAS)은 이슬람 부흥운동에 적극적으로 편승해 이슬람의 정치화를 통한 당세 확장을 꾀하기 시작했다. 게다가 PAS는 이슬람교가 말레이시아 국가와 사회 건설의 근간이 되어, 이슬람의 가르침이 삶의 모든 영역에서 구현되어야 한다고 주장했다. 다른 한편 PAS는 말레이계 여당인 연합말레이민족기구(이하 UMNO)가 이슬람에 대해 모호한 태도를 취하며 비무슬림인 이異민족과 타협하고 있다고 비난했다.

마찬가지로 말레이 무슬림 사회를 주요 정치적 지지 기반으로 하는 UMNO는 PAS의 이러한 정치적 공세를 마냥 무시하거나 외면할 수 없었다(Hussin 1993 : ix; Wu 2005 : 188).

UMNO는 이슬람을 단지 종교와 의례적인 수준이 아닌 국가적인 차원에서 국가와 국민, 특히 말레이 사회의 발전을 위한 핵심 요소로 삼을 것을 결정했다. 이에 따라 1981년 3월에 당시 부수상이었던 마하티르 모하마드는 이슬람적 가치에 상응하는 국가 개발 프로그램을 창안하는 역할을 담당할 싱크 탱크(두뇌 집단)인 이슬람자문위원회를 설립했다. 행정·법·경제·의학·공학·농업·정치·철학 등 다양한 분야의 이슬람 전문가들로 구성된 이 위원회의 임무는 이슬람적 가치에 바탕을 둔 다양한 개발 프로그램을 논의·검토해 정부에게 제안하는 것이었다. 1981년 7월에 출범 직후 마하티르 정부는 '이슬람에서 발전의 개념'이란 주제로 대규모의 세미나를 개최했다. 이 세미나에서 도출된 제안을 바탕으로 1981년 말에 마하티르는 정부에 이슬람적 가치를 대폭 수용하는 다양한 정부 정책을 발표했다(Mohamed 2005 : 85-87).

연방 정부가 이슬람적 가치에 바탕을 둔 개발 정책에 진지한 노력을 쏟고 있다는 것을 국민, 특히 말레이 사회에게 확인시켜 줄 뿐 아니라, PAS의 거센 도전을 물리치기 위해 마하티르는 자신의 정부에서 이 두 역할을 책임질 수 있는 신뢰할 만한 인물이 필요했다.

1982년 그는 대표적인 닥와 단체 중 하나인 말레이시아이슬람청년운동(ABIM)의 뛰어난 지도자인 안와르 이브라힘을 UMNO로 영입했다. 입당 이후 그는 줄곧 UMNO의 이슬람적 정책 수립과 실행을 주도하고, PAS의 관련 정책과 실행에 대한 무능력을 효과적으로 비판하면서 UMNO의 핵심 인물로 부상했다(Jomo 1992 : 90-93).

1984년 마하티르는 UMNO의 외피에 변화를 주기 시작했다. UMNO 지도자들은 특히 세속적인 당 이미지를 쇄신하려 노력했다. 이를 위해 그들은 말레이 사회에 이슬람적 기풍의 강화가 설립 이후 줄곧 당의 목표였을 뿐만 아니라, UMNO가 말레이시아에서 가장 오래된 그리고 전 세계에서 세 번째로 큰 규모의 이슬람 정당이라고 강변했다. 또한 UMNO가 지향하는 가장 중요한 목표 중 하나가 말레이 사회의 권익과 이슬람에 대한 국가의 보호라는 점을 강조했다(Mauzy 1986 : 75-112).

경제적인 측면에서 마하티르 정부는 어떠한 경제적인 발전도 정신적인 발전을 저해해서는 안 되며 따라서 이슬람적 가치의 희생 없이 도덕적으로 건전한, 현대화된 사회의 건설이 필요하다고 역설했다. 그럼에도 PAS와 닥와 단체들은 정부의 신경제정책(NEP)이 서구의 세속적인 모델을 표방하고 있다고 지속적으로 비난했다. 그러자 중동의 이슬람 국가들이 대안적인 경제발전 모델을 제공할 수 없는 가운데, 마하티르 정부의 선택은 아시아의 선진국인 일본과 한국이었다. 비록 이슬람권 국가는 아닐지라도 이 국가들은 PAS와 닥와 단체들에게 비교적 거부감이 덜한 까닭에, 마하티르 정부는 그들의 경제발전 모델을 도입한다는 취지로 '동방정책'을 실시했다(Means 1970 : 90-92).

게다가 사회 전반에 이슬람적 가치의 확산을 위해 마하티르 정부는 국제이슬람대학 설립, 자위(아랍) 문자 사용 장려, 국제이슬람 청년캠프 개최, 모든 관공서에서 흡연 금지, 국제 코란 읽기 경시대회 연례행사 개최, 다룰 예산에 거대한 이슬람 사원 건립, 대중 매체에 이슬람 콘텐츠 확대, 닥와재단의 설립 등 다각도로 많은 노력을 기울였다(Means 1970 : 99-105; Mauzy 1986 : 93; Hussin 1993 : 31; Nagata 1984 : 58-68).

1980년대 초부터 시작된 이 같은 정부 주도의 이슬람화 정책은 이슬람 법제도의 변동에도 작지 않은 영향을 미쳤다.

이슬람법의 위상 강화

독립 이후 1980년대 초까지 말레이시아에서 영국 보통법과 일반 법정에 비해 이슬람법과 샤리아법원의 지위가 열세였으나, 이러한 상황은 1981년 마하티르 정부가 출범하면서부터 점차 변하기 시작했다.

1970년대부터 아흐마드 이브라힘을 위시한 헌법학자들은 이슬람 법제도의 개혁을 줄기차게 주장해왔다. 1980년대 초에 마하티르 정부는 그들의 제안을 수용해 이슬람법의 수정을 통해 새로운 법제도를 구축하기 시작했다.

이와 관련해 첫 번째 변화는 이슬람 형법 즉 후둣에서 나타났다. 1965년 무슬림법원법이 1984년에 다음과 같이 수정되었다 :

> 3년의 기간을 초과하는 징역형 또는 5천 링깃을 초과하는 벌금형 또는 6대를 초과하는 태형에 해당하는 범법에 대해 샤리아 법원의 재판권을 제한한다[Muslim Courts(Criminal Jurisdiction)(Amendament) Act, 1984, Act A 612].

1965년 법 조항에 따르면 샤리아법원이 무슬림 형사범에게 부과할 수 있는 최대 형량이 1,000링깃의 벌금과 6개월의 징역형이었음을 감안할 때, 이 수정된 법 조항으로 샤리아법원의 권한이 크게 강화되었음을 알 수 있다. 수정 당시 이 법 조항은 서부 말레이시아(말레이반도)에만 적용되었으나, 1989년에 샤리아법원 형사재판권 수정확대법률에 의해 동부 말레이시아(사바와 사라왁)을 포함한 말레이시아연방의 모든 주에 적용하게 되었다(Ahmad 1992 : 308).

이슬람 법제도와 관련해 가장 눈에 띄는 변화 중 하나가 1988년 연방헌법 수정안 제121조 1A항에 의해 발생했다. 전술한 바와 같이 1957년 말라야연방(1963년 이후 말레이시아연방) 헌법은 샤리아법원에 대해 아무런 별도의 법적 조항을 두지 않았고, 그 결과 독립 이후 샤리아법원은 계속해서 일반법원에 부속된 하부 기관으로 남아 있었다. "〔일반법원의〕 고등법원과 하급법원은 샤리아법원의 사법권과 관련된 어떤 송사에 대해서도 사법권을 갖지 않는다"는 1988년 수정안에 따라 샤리아법원은 독립적인 사법권을 행사할 수 있게 되었다. 다시 말해 이 수정안은 샤리아법정의 판결이 일반법정의 그것과 다르거나 상충될 때 무효가 되는 것으로부터 자유롭게 되었음을 의미했다(Mohammad 2000 : 128-158; Hamid 1991 : 55; Ahmad 1992 : 297; Ahmad 2000 : 137).

샤리아법원의 독립적인 사법권 획득은 자연히 이슬람 법제도의 변화로 이어졌다. 우선 샤리아법원을 무슬림종교협의회로부터 분리하는 조치가 취해졌다. 이로써 대부분의 느그리에서 샤리아법원은 독립건물과 더불어 전문적인 사법 관료와 직원을 갖게 되었다. 뿐만 아니라 정부는 샤리아법원의 판사kadi와 변호사 양성을 위해 1983년에 국제이슬람대학교를 설립했다(Ahmad 2000 : 136-137; Mohamed 2005 : 92).

또한 샤리아법원에 일반법원의 체계와 유사하게 세 단계, 즉 샤리아 하급법원, 샤리아 고등법원, 샤리아 상고법원을 신설함으로써 이슬람 법제도의 현대화를 꾀했다. 이 밖에도 정부는 1980년대 이래 샤리아법원에서 판결한 각종 판례들을 모으고, 이들을 법학 전문 학술지[9]에 정기적으로 각각 말레이어와 영어로 출판하고 있다(Wu 2005 : 184-185; Ahmad 2000 : 140-141).

샤리아 하급법원은 일반 까디가, 샤리아 고등법원은 고등 판사인 까디 버사르Kadi Besar가 각각 재판을 관할한다. 샤리아 상고법원에서 상고 위원회가 까디와 까디 버사르의 항소 판결을 청취하고 최종 판결을 내린다. 까디와 까디 버사르는 각 주의 술탄이 임명한다. 술탄이 존재하지 않는 연방직할령, 뻬낭, 멀라까, 사바 그리고 사라왁의 경우 양 디뻐르뚜안 아궁이 그들을 임명한다. 기소는 뻰닥와 우가마Pendakwa Ugama라고 불리는 샤리아법원의 검사가 담당한다(Wu 2005 : 206-207).

1957년 연방헌법에 따라 이슬람법을 포함한 이슬람사事와 관련된 모든 권한은 전적으로 각 느그리의 술탄에게 주어져 있다. 이러한 가운에 각 느그리마다 적용하는 이슬람법과 절차가 각양각색이었다. 따라서 한 예로 무슬림이 다른 느그리로 이주를 하더라도 이

9 *Jurnal Hukum*(Law Journal)과 *The Malaysian Law Journal*.

혼을 하기 위해선 반드시 그들이 결혼을 등록한 느그리의 샤리아법원을 방문해야 한다. 이 같은 번거로움을 해소하기 위해 각 느그리의 이슬람법의 내용과 절차를 통일하려는 시도가 있어왔다(Ahamd 1992 : 298; Ahmad 2000 : 138).

또한 무슬림이 자신의 느그리에서 범행을 저지른 뒤 다른 느그리에 머물면 전자의 법원이 그 범법자를 소환해 재판할 권한이 없었다. 이 같은 문제를 해결하기 위해 뻬낭을 비롯해 멀라까, 뻬락, 끌란딴, 조호르, 뜨랭가누는 서로 범죄인 인도 조약을 체결했다(Hamid 1991 : 54).

1997년에 샤리아 형사법과 그 절차를 다루는 샤리아 형사절차법이 연방의회에서 통과되었다. 이로써 동일한 샤리아 형사법이 모든 느그리에서 적용되게 되었을 뿐 아니라 피의자의 재판 절차도 보다 체계화되었다(Wu 2005 : 208).

또한 샤리아 형사법은 무슬림이 종교적 의무를 위반하거나 종교가 금기시하는 것을 행할 때 적용하는 형벌을 다음과 같이 매우 구체적으로 규정하고 있다(Hickling 2003 : 116-117) :

> **14항** 모스크에서 매주 행하는 금요일 예배에 참석해야 할 만큼 성장한 사람이 합당한 이유 없이 세 번 연속 참석하지 않을 경우 그에게 최고 1,000링깃의 벌금형 또는 최고 6

개월의 금고형의 처분을 내릴 수 있다.

15항 금식월인 라마단 기간 동안 공공장소에서 먹거나, 마시거나, 또는 흡연을 할 경우 최고 1,000링깃의 벌금형 또는 최고 6개월의 금고형, 이 중 두 가지를 한꺼번에 행할 경우엔 최고 2,000링깃의 벌금형 또는 최고 1년의 금고형 처분을 내릴 수 있다.

16항 지정된 사람에게 구빈세(zakat)를 지불하는 것을 거절한 사람은 최고 1,000링깃의 벌금형 또는 6개월의 금고형 또는 두 형벌을 동시에 적용할 수 있다.

17항 도박을 하다 적발된 무슬림은 체포될 수 있으며 최고 3,000링깃의 벌금형 또는 최고 2년의 금고형 또는 두 형벌을 동시에 적용할 수 있다.

18항 공공장소에서 알코올음료를 마시다 적발된 무슬림은 17항과 같은 형을 적용하는 한편, 어떤 중독성 음료를 제조하거나, 판매하거나, 판매를 위해 전시하거나, 보관하거나, 혹은 구매하다 적발된 사람은 최고 5,000링깃의 벌금형 또는 3년의 금고형 또는 두 형벌에 동시에 적용할 수 있다.

21, 23, 24, 25, 26항 : 매춘은 상기 종교적 위반과 비슷한 벌금형과 금고형을 부과하나 최고 여섯 대의 태형 또는 이 형벌들의 결합을 적용할 수 있다. 혼외정사는 최고 5,000 링깃의 벌금형 또는 최고 3년의 금고형 또는 최고 여섯 대의 태형 또는 이 형벌들의 결합을 적용할 수 있다. 동성애의 경우 남녀에 관계없이 혼외 성교와 같은 형벌을 부과한다. 남색(sodomy)은 종교에 관계없이 누구나 처벌을 받을 수 있다.

비록 이 상기 모든 형벌 조항들이 연방의 모든 주에서 현재 예외 없이 엄격하게 집행되고 있지는 않지만, 무슬림으로서 종교적 의무를 게을리하는 사람들에게 무거운 심리적인 압박으로 작용하고 있음을 부인할 수 없다.

PAS가 정권을 장악한 끌란딴 주의회는 1993년 11월 일명 후둣법이라고 하는 끌란딴 샤리아 형법을 통과시켰다. 이 법령은 끌란딴의 모든 주민에게 종교와 상관없이 후둣법을 적용하는 것을 골자로 하고 있다. 후둣법은 비무슬림들은 물론 심지어 무슬림들 사이에도 광범위한 우려를 유발시키며 전국적으로 많은 논쟁을 불러일으켰다(Mohammad 2000 : 128-158).

1999년에 PAS가 뜨렝가누의 정권을 장악한 후 이 주의회는 여러 이슬람법을 제정·공포했다. 그 첫 번째 조치로 2000년 1월 1일부로 뜨렝가누의 모든 호텔에서 술 판매를 금지시켰다. 같은 해 3월엔 여성의 복장에 관한 법률을 공포하고, 대형 매장에 여성을 위한 계산대를 따로 설치하도록 명령했다. 2001년 8월 1일에는 샤리아 형사소송법, 샤리아법원 증거법, 샤리아 형사범법, 이슬람 종교사 행정법, 샤리아법원법, 샤리아법원 부정절차법을 포함한 6개의 샤리아법을 통과시켰다. 또한 뜨렝가누 주의회는 2002년 7월 끌란딴 주의회에 이어 후둣법을 통과시키면서, 주의회 의장인 압둘 하디 아왕은 "이 법이 지금은 단지 무슬림에게만 적용되지만 때가 되면 주의 모든 비무슬림에게도 확대 적용될 것이라고 선언했다"(Mohamed 2005 : 165-166).

1997년에 연방의회를 통과한 샤리아 형사법과 샤리아 형사절차법에 상관없이 끌란딴과 뜨렝가누 두 주州 정부는 종교를 불문하고 모든 주민에게 후둣을 적용한다는 입장을 고수하고 있다. 하지만 후둣법은 1984년 수정된 무슬림법정 형사재판 수정법이 규정한 샤리아법원의 재판 권한을 넘어선다는 이유로 연방의회 승인을 얻지 못하고 있어, 현재 그 법을 적용하는 것은 불가능하다. 그럼에도 끌란딴과 뜨렝가누 주의회에서 후둣법의 통과는 그 주민들에게 무슬림의 종교적 의무 준수에 대한 강한 심리적인 압박을 주고 있다(Wu 2005 : 189).

이슬람 법제도와 관련된 또 하나의 괄목할 만한 변화 중 하나가 금융 제도에서 일어났다. 1982년 이슬람 은행법은 이슬람 은행의 공식적인 설립의 길을 열어주었다. 마하티르 정부는 1983년에 은행 이자를 하람[10]인 불로소득으로 간주하는 이슬람 교리에 따라 운영하는 말레이시아이슬람은행(이하 BIM)을 설립했다. 또한 정부는 BIM의 활성화를 위해 샤리아자문위원회를 설립했다. 이 위원회는 이슬람교의 가르침에 위배되지 않고 안전하게 금융 활동을 할 수 있도록 무슬림에게 자문을 하는 역할을 담당하고 있다. BIM은 곧 전국에 많은 지점을 설립해 1993년 일반 상업은행에 무슬림을 위한 무이자 창구가 설치되기 전까지 이슬람 은행 업무를 독점했다

10 이슬람법인 샤리아(Sharia)는 인간의 행위를 다음 다섯 범주로 나눈다. 와집(wajib, 의무적으로 해야 할 일), 만두브(mandub, 의무는 아니나 권장할 만한 행위), 자이즈(jaiz, 해도 좋고 안 해도 좋은, 법과 무관한 행위), 마크루흐(makruh, 금지된 것은 아니나 피하도록 권고되는 행위), 하람(haram, 금지된 행위). 이 다섯 가지 범주는 크게 두 범주, 즉 해도 되는 행위와 절대로 해서는 안 되는 행위로 나눌 수 있다. 무슬림은 전자를 '할랄(hala)', 후자를 '하람'이라 부르며 하람을 엄격히 금한다.

(Mohamed 2005 : 89).

1997년에 말레이시아중앙은행은 이슬람 은행과 이슬람 보험인 따까풀의 활성화를 위해 국가샤리아자문협의회를 설립했다. 그 후 1999년에 또 다른 이슬람 은행인 말레이시아무아말랏은행이 전국적으로 40개의 지점과 함께 문을 열었다. 같은 해 두 번째 국가보험주식회사가 설립되어 2002년 7월 31일에 꾸알라 룸뿌르 주식 시장에 상장되었다(ibid : 88-91).

무슬림의 평생 한 번 의무인 하지, 즉 성지순례를 위한 저축을 목적으로 1962년 11월에 성지순례저축펀드회사가 출범했다. 1969년 성지순례 행정과 조직법의 제정에 따라 이 회사의 역할이 무슬림의 하지에 행정적 편의를 제공하는 것으로 확대되었다. 1997년 8월에 한 투자 관련 수정 법안이 통과되면서 따붕 하지, 즉 성지순례 펀드의 투자가 가능해짐에 따라, 이 회사는 금융기업의 이미지를 갖게 되었다. 이로써 성지순례저축펀드회사는 말레이시아에서 가장 큰 저축 및 투자 펀드 회사 중 하나가 되었다(ibid). 2002년 말레이시아 정부는 이슬람 채권인 수쿠쿠를 처음 발행했다(Wu 2005 : 191-192).

2000년대 초에 말레이시아의 이슬람 금융 기관은 21개의 이슬람 은행, 14개의 상업은행, 그리고 2개의 이슬람 보험회사를 포함해 총 59개에 달했다(Mohamed 2005 : 88).

소결

1957년 연방헌법에 따라 이슬람법은 각 느그리의 술탄이 관할하는 대인법으로 전환되었다. 게다가 독립과 함께 말레이시아 정부는 이슬람법을 대인법 그리고 영국법을 일반법으로 이원화시킨 영국의 식민정책을 그대로 물려받았다. 이 밖에도 독립 이후 연방의 각 느그리에서 일반법원의 부속 기관으로서 샤리아법원의 낮은 지위 또한 그대로 유지되었다.

이슬람법과 샤리아법원의 이러한 지위는 이슬람 부흥운동의 기세가 한창이던 1981년에 출범한 마하티르 정부하에서 서서히 회복되기 시작했다. PAS가 이 운동에 적극적으로 편승해 당세 확장을 노리자 그 당과 지지층이 겹치는 UMNO가 이슬람화에 무관심할 수 없게 되었다. 이러한 새로운 정치 환경에 대한 대응의 일환으로 정부 주도의 이슬람화 정책은 지난 40여 년 동안 말레이시아 사회 전반에 이슬람적 가치 확산에 크게 기여하며 이슬람 법제도의 변동에도 커다란 파장을 불러일으켜 왔다. 그 결과 오늘날 말레이시아에서 이슬람법과 그 제도의 위상이 날로 강화되는 현상이 목도되고 있다.

5. 나가며

15세기 초 멀라까 사회에 이슬람교의 유입은 말레이시아 역사에 있어 실로 분수령이라 할 수 있다. 무엇보다도 전통시대 말레이반도에 정착한 이래 오늘날까지 간단없이 이어져 온 이 지역 문명의 두 핵심적인 축인 술탄제와 이슬람 법제도가 바로 그 종교를 근간으로 하고 있기 때문이다.

19세기 후반 영국 식민지배 전야에 관습법의 영향을 받아 변용된 이슬람법이 말레이반도의 일반법으로 자리를 잡았다. 그러나 영국 식민지배하에서 영국법의 도입은 이슬람법을 무슬림 사회에게만 적용하는 개인법으로 축소시켰을 뿐 아니라 오늘날 말레이시아의 이원적인 법제도 형성의 단초를 제공했다.

1957년 독립 말라야연방의 출범과 함께 신생 정부는 그 같은 영국 식민지배 유산을 그대로 답습했다. 그 결과 독립 이후에도 이슬람법과 종교법원은 계속해서 영국법과 일반법원보다 낮은 지위에 머물러 있었다. 이 같은 상황은 1981년 마하티르 정부의 출범과 함께 점차 변화를 보이기 시작했다. 이슬람 부흥운동에 대한 정부의 적극적인 대응으로 사회 전반에 이슬람적 가치의 확산은 지난 40여 년 동안 이슬람 법제도의 위상 회복과 강화에 커다란 영향을 미쳤다.

결론적으로 말레이시아의 이슬람 문화를 법제사적인 시각으로 볼 때 진보 사학자인 홉스봄Eric Hobsbawm 교수가 주장한 바대로 '전통은 결코 정체된 과거의 낡은 유물이 아니라 시대와 환경에 따라 혁신을 거치며 한 사회 또는 국가의 고유한 정체성의 형성 및 발전에 중대한 영향을 미치는 문화적 동인'임에 틀림없다(Hobsbawm 1983). 특히 오늘날 중동의 이슬람권에서 지속되고 있는 이슬람 부흥운동이 서구화 또는 세계화에 대한 반발로 이슬람 원리주의로의 회귀를 그 핵심 모토로 하고 있는 한, 말레이시아의 문화는 세계화·정보화·디지털화로 인해 서구 문명에 동화되기보다는 문명충돌과 교배 전망처럼 이슬람 문화를 바탕으로 그 정체성을 가일층 강화할 것으로 보인다. 이 같은 맥락에서 서구 세계의 한 대표적인 근대화 담론 중 하나인 '전통-근대 이분법적 구도'의 보편성은 지속적으로 도전을 받을 것이 분명해 보인다.

참고문헌

소병국, 1997, 〈말레이시아 이슬람 부흥운동의 발전과 침체(1970~1997) : 주요 닥와(Dakwah) 집단을 중심으로〉, 《동남아연구》, 6, 139~169쪽.

소병국·조흥국, 2004, 《불교 군주와 술탄 : 태국과 말레이시아 왕권의 역사》, 전통과 현대.

소병국, 2009, 〈법제사적 관점에서 본 이슬람과 말레이시아 문화적 정체성〉, 《외법논집》, 33, 4, 77~101쪽.

Abdul Monir b. Yaacob, 1989, An Introduction to Malaysian Law, Bangi : Penerbit Universiti Kebangsaan Malaysia.

Ahmad Mohamed Ibrahim, 2000, The Administration of Islamic Law in Malaysia, Kuala Lumpur : IKIM.

Ahmad Mohamed Ibrahim, 1994, "The Introduction of Islamic Values in the Malaysian Legal System," Jurnal IKIM, 2, 1, 27~45.

Ahmad Mohamed Ibrahim, 1981, "Islamic Law in Malaysia," Journal of Malaysian and Comparative Law, 8, 1&2, 21~51.

Ahmed Mohamed Ibrahim, 1993, "The Future of the Shariah and the Shariah Courts in Malaysia," Journal of Malaysian and Comparative Law, 20, 41~57.

Ahmed Mohamed Ibrahim, 1985, "Towards an Islamic Law for Muslims in Malaysia," Journal of Malaysian and Comparative Law, 12, 37~52.

Ahmed Mohamed Ibrahim, 1992, "Islamic Law in Malaysia since 1972," In

Faculty of Law, University of Malaya ed, Developments in Malaysian Law, Petaling Jaya : Pelanduk Publications, 295~343.

Ahmed Mohamed Ibrahim, 1995, The Malaysian Legal

System, Kuala Lumpur : Dewan Bahasa dan Pustaka.

Andaya, Barbara W. and Leonard Y. Andaya, 2001,

A History of Malaysia, London : Palgrave.

Chandra Muzaffar, 1979, Protector?, Peneng : Aliran.

Cheah, Boon Kheng, 2003, Malaysia : The Making of a Nation, Singapore : ISEAS.

Das, Cyrus V, 1994, "Democracy and the Role of the Sultanate System in Malaysia : The Role of the Monarchy," Journal of Malaysian and Comparative Law, 21, 1&2, 97~115.

Federal Constitution, 2000, Kuala Lumpur : International Law Book Services.

Fernando, Joseph M, 2006, "The Position of Islam in the Constitution of Malaysia," Journal of Southeast Asian Studies, 37, 2, 249~266.

Gibson, W. S. and W. G. Maxwell, 1924, Treaties and Engagements Affecting the Malay State and Borneo, London.

Hamid Jusoh, 1991, The Position of Islamic Law, Kuala Lumpur : Dewan Bahasa dan Pustaka.

Harding, Andrew. J, 1991, "Islam and Public Law in Malaysia : Some Reflections in the Aftermath of Susie Teoh's Case," Malaysian Law Journal [1991], 1, xci~xcvi.

Harding, Andrew, 1996, Law, Government and the Constitution in Malaysia, London : Kluwer Law International.

Harding, Andrew, 1989, "The Malaysian Judiciary Crisis of 1988," Commonwealth Judicial Journal, 8, 1, 3~9.

Harding, Andrew, 1990, "The 1988 Constitutional Crisis in Malaysia," International and Comparative Law Quarterly, 57~81.

Hickling, R. H, 2001, Malaysian Law : An Introduction to the Concept of Law in Malaysia, Selangor : Pelanduk Publications.

Hannerz, Ulf, 1992, Cultural Complexity : Studies in the Social Organizing of Meaning, New York : Columbia University Press.

Hickling, R. H. and Wu Min Aun, 2003, Hickling's Malaysian Public Law, Petaling Jaya : Pearson.

Hobsbawm, Eric and Terence Ranger, 1983, The Invention of Tradition, Cambridge : Cambridge University Press.

Hooker, M. B, 1984, Islamic Law in South-East Asia, Singapore : Oxford University Press.

Huntington, Samuel P, 2011, The Clash of Civilizations and the Remaking of World Order, London : Simon & Schuster.

Hussin Mutalib, 1993, Islam in Malaysia : From Revivalism to Islamic State?, Singapore : Singapore University Press.

Ismail Mohd bin Abu Hassan ed, 2004, Introduction to Malaysian Legal History, Petaling Jaya : Ilmiah Publishers.

Jomo, K. S. and Ahmad Shabery Cheek, 1992, "Malaysia's Islamic Movements," In Kahn, Joel, S. and Francis Loh Kok Wah eds, Fragmented Vision : Culture and Politics in Contemporary Malaysia, Honolulu : University of Hawaii Press, 79~105.

Kershaw, Roger, 2001, Monarchy in South-East Asia : The Faces of Tradition in Transition, London : Routledge.

Kessler, Clive S, 1992, "Archaism and Modernity : Contemporary Malay Political Culture," In Kahn, Joel S. and Francis Loh Kok Wah eds, Fragmented Vision : Culture and Politics in Contemporary Malaysia, Honolulu : University of Hawaii Press, 133~157.

Khan, Joel S, 1995, Culture, Multiculture, Post-Culture, London : Sage Press.

Khasnor, Johan, 1999, "The Undang-Undang Melaka : Reflections on Malay

Society in Fifteenth-Century Malacca," JMBRAS, LXXII, part 2, 131~150.

Lee, H. P, 1995, Constitutional Conflicts in Contemporary Malaysia, Kuala Lumpur : Oxford University Press.

Lee, H. P, 1984, "The Malasyian Constitutional Crisis : King, Rulers and Royal Assent," Law Asia, 3, 1, 22~44.

Liaw Yock Fang, 1976, Undang-Undang Melaka, The Hague : Martinus Nijhoff.

Lowe, Vincent, 1982, "Symbolic Communication in Malaysian Politics : The Case of the Sultanate," Southeast Asian Journal of Social Science, 10, 2, 71~89.

Mauzy, Diane K. and R. S. Milne, 1986, "The Mahathir Administration : Discipline through Islam," In Gale, Bruce ed, Readings in Malaysian Politics, Selangor : Pelanduk Publications, 75~112.

Means, Gordon, P, 1991, Malaysian Politics : The Second Generation, Singapore : Oxford University Press.

Meethan, Kevin, 2001, Tourism in Global Society : Place, Culture, Consumption, Hampshire : Palgrave.

Milner, A. C, 1985, "Islam and Malay Kingship," In Ahmad Ibrahim, Sharon Siddique and Yasmin Hussain eds, Readings on Islam in Southeast Asia, Singapore : ISEAS, 25~35.

Mohamed Aslan Haneef, 2005, "The Development and Impact of Islamic Economic Institutions : The Malaysian Experience," In Nathan, K. S. and Mohammed Hashim Kamali eds, Islam in Southeast Asia : Political, Social and Strategic Challenges for the 21th Century, Singapore : Institute of Southeast Asian Studies, 82~102.

Mohamed Nawab Mohamed Osman, 2008, "Towards a History of Malaysian Ulama," Southeast Asia Research, 16, 1, 117~140.

Mohammad Hashim Kamali, 2000, Islamic Law in Malaysia : Issues and Developments, Kuala Lumpur : Ilmiah Publishers.

Muhammad Kamil Awang, 1998, The Sultan and the Constitution, Kuala Lumpur : Dewan Bahasa dan Pustaka.

Nagata, Judith, 1984, The Reflowering of Malaysian Islam : Modern Religious Radicals and Their Root, Vancouver : University of British Columbia Press.

Nik Noriani Nik Badlishah ed, 2003, Islamic Family Law and Justice for Muslim Women, Kuala Lumpur : Sisters in Islam.

Norani Othman, Mavis C. Puthucheary & Clive S. Kessler eds, 2008, Sharing the Nation : Faith, Difference, Power and the State 50 Years after Merdeka, Petaling Jaya : SIRD.

Rawlings, H. F, 1986, "The Malaysian Constitutional Crisis of 1983," International and Comparative Law Quarterly, 35, 237~254.

Ritzer, G. and A. Liska, 1997, "McDisneyization and Post-Tourism : Complementary Perspectives on Contemporary Tourism," In Urry, J. ed, Touring Culture : Transformation of Travel and Theory, London : Routledge, 96~109.

Roff, William R, 1974, "The Origin and Early Years of the Majlis Agama," In William Roff ed, Kelantan : Religion, Society and Politics in a Malay State, Kuala Lumpur : O.U.P, 95~125.

Sharifah Suhanah Syed Ahmad, 2007, Malaysian Legal System, Kuala Lumpur : Lexis Nexis.

Smith, Simon C, 1995, British Relations with the Malay Rulers from Decentralization to Malayan Independence, 1930-1957, Kuala Lumpur : Oxford University Press.

Soh, Byungkuk, 2002, "The Invention of Tradition : The Royal Power of Contemporary Malaysia in a Historical Perspective," Southeast Asia

Review, 12, 2, 169~206.

Soh, Byungkuk, 2012, Ideology and Shaping of Malaysia : A Socio-Intellectual History, Jakarta : University of Indonesia Press.

Stockwell, A. J, 1988, "Princes and Politicians : The Constitutional Crisis in Malaysia, 1983-84," In Low, D. A. ed, Constitutional Heads and Political Crises : Commonwealth Episodes, 1945-85, 182~197.

Trindade, F. A, 1979, "The Constitutional Position of the Yang di-Pertuan Agong," In Tun Mohamed Suffian, H. P. Lee and F. A. Trindade eds, The Constitution of Malaysia : Its Development, 1957-1977, Kuala Lumpur : Oxford University Press, 102~122.

Tun Haji Mohd. Salleh bin Abas, 1985, "Traditional Elements of the Malaysian Constitution," In Trindade, F. A. and H. P. Lee eds, The Constitution of Malaysia : Further Perspectives and Development. Petaling Jaya : Penerbit Fajar Bakti, 1~17.

Tun Mohamed Suffian, 1976, An Introduction to the Constitution of Malaya, Kuala Lumpur : Government Printer.

Tunku Abdul Rahman, 1977, Looking Back : Monday Musings and Memoirs, Kuala Lumpur : Pustaka Antara.

Wan Arfah Hamzah and Ramy Bulan, 2004, An Introduction to the Malaysian Legal System, Selangor : Penerbit Fajar Bakti Sdn. Bhd.

Wilkinson R. J, 1922, Papers on Malay Subjects, Law Part I.

Wu, Min Aun, 2005, The Malaysian Legal System, Petaling Jaya : PEARSON.

Y. A. M. Raja Tun Azlan Shah, 1982, "The Role of Constitutional Rulers : A Malaysian Perspective for the Laity," Journal of Malaysian and Comparative Law 9, 1~18.

Y. A. M. Raja Tun Azlan Shah, 1985, "The Role of Constitutional Rulers in Malaysia," In Trindade, F. A. and H. P. Lee eds, The Constitution of Malaysia : Further Perspectives and Developments. Petaling Jaya :

Penerbit Fajar Bakti, 76~91.

Zainah Anwar, 1987, Islamic Revivalism in Malaysia : Dakwah among the Students, Selangor : Pelanduk Publications.

* 이 책에 수록된 모든 도판은 소병국, 2020, 《동남아시아사》, 책과함께를 출처로 함.

찾아보기

ㅁ

ㅂ

ㅇ

말레이시아 법제사

이슬람과 법제도의 변천

초판 인쇄 2020년 12월 23일
초판 발행 2020년 12월 30일

지은이 소병국
발행인 윤성우 Director, University Knowledge Press
편집장 신선호 Executive Knowledge Contents Creator
도서편집 장혜정 Contents Creator
이근영 Contents Creator
디자인 우승민 Designer
고승현 Designer
재무관리 조아라 Managing Creator
전자책·사전 장혜린 Contents Creator
발행처 한국외국어대학교 지식출판콘텐츠원
02450 서울특별시 동대문구 이문로 107
전화 02)2173-2493~7
FAX 02)2173-3363
홈페이지 http://press.hufs.ac.kr
전자우편 press@hufs.ac.kr
출판등록 제6-6호(1969. 4. 30)
인쇄·제본 (주)트윈벨미디어 02)2088-1810

ISBN 979-11-5901-841-1 [93360] 정가: 12,000원

* 잘못된 책은 교환하여 드립니다.

HUINE 은 한국외국어대학교출판부의 어학도서, 사회과학도서, 지역학 도서 Sub Brand이다. 한국외대의 영문명인 HUFS, 현명한 국제전문가 양성(International+Intelligent)의 의미를 담고 있으며, 휴인(携引)의 뜻인 '이끌다, 끌고 나가다'라는 의미처럼 출판계를 이끄는 리더로서, 혁신의 이미지를 담고 있다.